運気を引き寄せるリーダー 七つの心得

危機を好機に変える力とは

田坂広志

光文社新書

運気を引き寄せるリーダー　七つの心得

目次

筆者略歴・筆者情報

序話

二一世紀の「新たな運気論」その五つの特長

いま、この『運気を引き寄せるリーダー』という本を手に取られた、あなた。

あなたは、いま、こう思われているのではないだろうか。

「『運気』について語った本は、書店に溢《あふ》れている。

この本は、そうした類書と、何が違うのだろうか？」

もし、あなたが、その疑問を抱かれているならば、筆者として、謙虚に、しかし、明確に、こう申し上げたい。

この本は、これまで世の中に上梓された、数多くの「運気論」の本とは、根本的に違った思想の本である。

その違いを、敢《あ》えて一言で述べるならば、この本で述べられている「運気論」は、

二一世紀の「新たな運気論」

とでも呼ぶべきものである。

言葉を換えれば、「従来の運気論」は、「神秘的運気論」とでも呼ぶべきものであった。

すなわち、「従来の運気論」では、「運気」というものに関して、**どうすれば、それを引き寄せることができるのか**については、多くのことが語られているが、では、そもそも、**なぜ、「運気」と呼ばれるものが存在するのか**については、明確な説明をしてこなかった。

いや、できなかったと言うべきであろう。なぜなら、それを敢えて説明しようとするならば、「神」「仏」「天」、さらには「霊界」といった「神秘的存在」を仮定しなければならなかったからである。

しかし、この「新たな運気論」は、そうした「神秘的存在」を仮定せず、あくまでも、

最先端の科学的理論に基づいて、この「運気」というものの存在を説明しようとする思想である。

そして、この「新たな運気論」は、「従来の運気論」とは、いくつかの点で異なった特長を持つものである。それを、筆者は、**「新たな運気論」の五つの特長**と称しているが、本書の冒頭、その特長を簡単に述べておこう。

第一の特長　／　最先端の量子科学

いま述べたように、「従来の運気論」が、何らかの「神秘的存在」を前提として論じられているのに対して、この「新たな運気論」は、最先端の量子科学や量子脳理論に基づいて、なぜ、「運気」と呼ばれるものが存在するのかを、科学的仮説として説明している。

第二の特長　／　最前線の超個心理学

「従来の運気論」が、フロイト心理学などが想定する「潜在意識」や「無意識」の世界を前提として論じられているのに対して、この「新たな運気論」は、心理学の最前線のトランスパーソナル心理学（超個心理学）に基づいた「超個的無意識」や「超時空的無意識」

の世界を視野に入れて「運気」というものを論じている。

第三の特長　／　心の浄化の具体的技法

「従来の運気論」は、運気を引き寄せるために、心の中に「ポジティブな想念」を刷り込むことの大切さを述べているが、この「新たな運気論」は、むしろ、心の奥深くにある「ネガティブな想念」を浄化することの大切さを述べ、その具体的技法を論じている。

第四の特長　／　深い人生観と死生観

「従来の運気論」は、運気を引き寄せるために、「前向きな発想」を持つことの大切さを述べているが、この「新たな運気論」は、人生において、死生観や逆境観、使命感といった「深い思想と覚悟」を定めることの大切さを述べ、その具体的技法を論じている。

第五の特長　／　科学的技法としての祈り

「従来の運気論」は、運気を引き寄せるために、「瞑想《めいそう》」の技法などを用いて、心を静めることの大切さを述べているが、この「新たな運気論」では、忙しい現代人でも、瞬時に深い心的状態に入ることのできる技法として、「祈り」の技法の大切さを述べ、その具体的技法を論じている。これは、従来の「宗教的技法としての祈り」ではなく、「科学的技法としての祈り」と呼ぶべきものである。

以上が、本書で述べる「新たな運気論」の五つの特長であるが、もし、あなたが、この説明で分かりにくいと感じられたならば、次話から始まる、三〇の話をお読み頂きたい。この五つの特長について、著名人の様々なエピソードや著者の体験を交え、また、最先端の科学理論や最前線の心理学の噛み砕いた解説をしながら、分かりやすく説明している。

それゆえ、もし、あなたが、「従来の運気論」に関する書物を読まれて、次のような疑問を抱かれているのであれば、その答えを、本書の中に見出されるだろう。

「運気」というものに、科学的根拠は無いのだろうか？

色々な本で語られている「潜在意識」や「無意識」のさらに奥には、何があるのか？

心に「ポジティブな想念」を持とうと思っても、なぜ、なかなか、それができないのか？

人生に対して「前向きな発想」を持とうと思っても、なぜ、それが、難しいのか？

心を静めるために「瞑想」を行っても、なぜ、なかなか心が静まらないのか？

最後に、本書のタイトルには「運気を引き寄せるリーダー」とあるが、本書は、決して、経営者やリーダーだけに、読者を限定したものではない。

本書で述べる「リーダーの心得」は、企業や職場で人々を導く「リーダー」の立場に無い読者にも、必ず、役に立つだろう。

なぜなら、我々は、誰もが、自分の人生を導く「リーダー」なのだから。

そのことを述べて、早速、本題に入っていこう。

第一話

危機や逆境において、リーダーに求められる「究極の力」

さて、この『運気を引き寄せるリーダー』という本を手に取られた、あなた。

あなたは、なぜ、この本を手に取られたのだろうか。

もしかすると、あなたは、二〇二〇年から日本中、世界中の人々を混乱と逆境に陥《おとしい》れたコロナ危機のさなか、一つのチームや組織、一つの企業や団体を預かる立場のリーダーや経営者として、いかにして、この危機と逆境を超えるかについて、思い悩まれているのだろうか。

もしかすると、あなたは、それ以外の危機や逆境の中で、リーダーや経営者として、いかに処すべきかについて、思い悩まれているのかもしれない。

しかし、この本のタイトルに記されているのは、「**運気を引き寄せる**」という言葉。

この「運気」という言葉を掲げた本書を手にされたあなたは、目の前の危機や逆境に対して、すでに、様々な打開策や解決策を考えられ、色々な方法や方策を検討されているのだろう。そして、おそらく、それでも良い解決策や方策を見出すことができず、そうした「合理的解決策」が手詰まりになった状況で、それ以上の「何かの力」を求め、本書のタイトルの「運気」という言葉が目に入られたのではないだろうか。

もし、そうであるならば、筆者として、最初に申し上げたい。

本書を通じてのあなたとのご縁に、深く感謝を申し上げたい。

なぜなら、筆者もまた、一人のリーダーとして、一人の経営者として、過去に様々な危機と逆境の体験が与えられ、その体験を通じて、この「運気」というものの存在に目を開かれ、この「運気」と呼ばれるものを引き寄せる「**心得**」や「**心構え**」、「**心の技法**」を学び、身につけてきたからである。

ただし、こう述べる筆者は、決して、何かの宗教団体の人間でも、神秘主義的な思想の持主でもない。

前著『運気を磨く―心を浄化する三つの技法』（光文社新書）でも述べたように、筆者は、二九歳まで大学で研究者の道を歩み、原子力工学の分野で工学博士の学位を得た人間であり、本来、科学的思考の訓練を受け、唯物論的な思想を持っていた人間である。

しかし、その人間が、三〇歳にして実社会に出て、永年、ビジネスと経営の道を歩み、一つの職場のリーダーとして、また、一つの企業の経営者として、様々な危機と逆境を体験してきた結果、六〇歳を越えて辿《たど》り着いたのが、この「運気」というものの存在を認める人生観であり、この「運気」に処するための実践的な心得である。

筆者は、そうした体験を踏まえ、現在、国内外から約七〇〇〇名の塾生が参加する「田坂塾」の場でも、危機や逆境において「**運気を引き寄せるリーダー**」となるための心得を語っているが、本書においては、その神髄を「**七つの心得**」として語ろう。

この危機や逆境という意味では、特に、本書を上梓する二〇二一年四月は、昨年から日本中、世界中を覆《おお》ったコロナ危機が、いまだ完全な終息が見通せておらず、いつ終わるか分からない混乱と逆境の中で、世界中の人々が、その生活や仕事において、耐えがたい苦労や困難を強いられている。そして、企業の経営者や組織のリーダーは、社員やメンバーの人生を預かる重責の中、泥沼を歩むような悪戦苦闘を余儀なくされている。

では、こうした危機や逆境において、経営者やリーダーに求められるものは、何か。

もとより、こうした状況において、経営者やリーダーには、判断力や決断力、指導力や実行力など、様々な力が求められるが、それらの力の中でも「究極の力」と呼ぶべきものがある。

それが「**運気を引き寄せる力**」である。

では、そもそも「運気を引き寄せる力」とは、何か。

この「運気」には、「良い運気」と「悪い運気」があるが、本書で述べる「運気を引き寄せるリーダー」とは、当然、「良い運気を引き寄せるリーダー」を意味している。

しかし、「運気を引き寄せる」と言っても、目の前の危機が、突然消えるわけではない。

直面している逆境が、魔法のように消えるわけではない。
「運気を引き寄せる力」とは、まず第一に、**「危機」というものを「好機」に変える力である。また、「逆境」というものを、「追い風」に変える力**である。世に「ピンチは、チャンス」という言葉があるが、それを見事に体現する力のことである。

実際、二〇二〇年に始まった世界的なコロナ危機においては、一年を超えて続く先の見えない危機のなか、多くの経営者やリーダーが大変な苦労をされているが、それでも、次のような感懐を述べられる経営者やリーダーは、決して少なくない。

「コロナ禍は大変な危機だが、
この危機の中で、社員の心が一つになった」

「こうした危機の中で、
多くのお客様が、当社に心を寄せて助けてくれた」

「この危機の中で、メンバーは悪戦苦闘しているが、
一人一人が、確実に成長している」

「前例の無い難題に直面する日々だが、
社員の中から、解決の叡智《えいち》が湧き上がってきた」

もし、あなたの周りで、そうしたことが起こっているのであれば、それは、あなたのチームや組織で、企業や団体で、この「危機」を「好機」に変える兆しが生まれているのであろう。

そして、それは、経営者やリーダーである、あなたが、「運気を引き寄せる力」を発揮し始めている証左であろう。

しかし、もし、あなたが、一人の経営者やリーダーとして、本当に「運気を引き寄せる力」を身につけたならば、いま述べた「兆し」を超え、様々な「不思議なこと」が起こるだろう。

それは、例えば、次のような感懐を述べたくなるようなことである。

「この最悪の危機において、
なぜ、この絶妙のタイミングで、
この有《あ》り難《がた》い出来事が起こったのか？」

「この厳しい逆境において、
なぜ、天の配剤とでも呼ぶべき形で、
この有り難い出会いが与えられたのか？」

「この大変な状況において、
なぜ、最も欲しかった情報が、
こうした偶然の形で与えられたのか？」

「この追い詰められた場面で、
なぜ、進むべき道を教える直観が、

天啓のごとく閃《ひらめ》いたのか？」

「運気を引き寄せる力」とは、まさに、そうした「**幸運な出来事**」**や**「**幸運な出会い**」、「**必要な情報**」**や**「**必要な直観**」を引き寄せる力である。

では、なぜ、筆者は、経営者やリーダーの「究極の力」とは、「運気を引き寄せる力」であると確言するのか。

それは、筆者が歩んできた、四〇年余りの仕事の体験からである。

第二話

「運も実力のうち」という無条件の覚悟が、運気を引き寄せる

筆者は、これまで、自らが経営者の道を歩んできただけでなく、様々な大企業の経営トップの経営参謀の仕事を務めてきた。そして、その仕事を通じて、色々な経営者の姿を拝見してきたが、その永年の歩みの中で、深く感じたことがある。

それは、「**優れた経営者は、例外なく、運が強い**」ということである。

言葉を換えれば、「**優れた経営者は、例外なく、運気を引き寄せる力がある**」ということである。

そして、筆者は、若い頃には、それを「不思議なこと」と思っていたが、永い年月を歩

み、七〇まで歳《とし》を重ね、様々な体験を積むにつれ、それを「当たり前のこと」と思うようになった。

まず、筆者が「優れた経営者は、運が強い」ということを学んだ、若い時代のエピソードを紹介しておこう。

筆者が四〇代初めの頃、現在の三井住友フィナンシャルグループ、かつての住友銀行で頭取を務められた、小松康という経営者の方がいた。残念ながら、すでに他界されたが、この方は、その後、当時、住友銀行の子会社であった日本総合研究所で、会長を務められていた。

当時、筆者は、この日本総合研究所で取締役を務めていたこともあり、しばしば、会長室を訪れ、この小松会長から色々な話を伺い、薫陶《くんとう》を受けていた。

この小松会長は、銀行の頭取時代、世界的な賞「Banker of the Year」を受賞されたような名経営者であったこともあり、会長から伺う経営の話は、当時の筆者にとって、いずれも、深い学びとなるものであった。

そうした時期の、ある日、筆者は、この小松会長に、かねて興味があった一つの質問をさせて頂いた。

それは、次の質問である。

「会長は、銀行の頭取を務められていたとき、
経営不振に陥った取引先の再建のために、
銀行幹部を派遣されることが、何度もあったと思いますが、
そのときの人材を選ぶ基準は、
何だったのでしょうか？」

当時の筆者は、まだ四〇代になったばかりであり、若さゆえの経験の浅さから、小松会長からの答えは、おそらく、「財務に明るい人間だよ」や「人心掌握ができる人間だよ」といったものであろうと予想していた。

しかし、その予想に反して、小松会長は、煙草《たばこ》を燻《くゆ》らせながら、明確に、一言、こう言われたのである。

「君、それは決まっているよ。運の強い奴だよ！」

この言葉に、当時の筆者は、驚きを禁じ得なかった。

なぜなら、すぐに、「経営再建において、運の強さなどが問題になるのか…」という思いが浮かんだからである。

しかし、それから三〇年近く、自分自身が経営者としての道を歩み、そして、経営参謀として多くの経営者の姿を見てきたが、現在の筆者は、この小松会長の言葉が、経営の世界における深く冷厳な真実を指摘したものであると考えている。

それゆえ、もし、現在の筆者が、同様の質問を受けたならば、迷うことなく、次の言葉を語るだろう。

「危機や逆境を超えるために、
経営者やリーダーに求められるのは、
究極、『運の強さ』である」

そして、筆者自身、いまだ修行中の身であるが、「経営者やリーダーに求められる『究極の力』とは何か？」と問われるならば、躊躇《ちゅうちょ》なく、こう答えるだろう。

「経営者やリーダーにとって、『究極の力』とは、
『運気を引き寄せる力』である」

こう述べると、あなたは、こう思われるかもしれない。

「『運気』などという偶然に左右されるようなものが、
なぜ、経営者の『究極の力』なのか？」

しかし、そうではない。『運気』というものは、決して「偶然に左右されるもの」ではない。

実は、「**運の強さ**」や「**運気を引き寄せる力**」とは、経営者やリーダーにかぎらず、誰にとっても、**意識的な努力で身につけることができる**「**能力**」なのである。

それは、これから本書で述べる「心得」や「心構え」、「心の技法」を修得し、実践するならば、誰でも身につけることのできる「能力」に他ならない。

こう述べると、あなたは、世の中でしばしば使われる「**運も実力のうち**」という言葉を思い起こすかもしれない。

たしかに、この言葉は、誰でも知っている言葉であり、日常の仕事や生活においても、比較的軽い意味で使われる言葉であるが、実は、この「運も実力のうち」という言葉を正面から受け止め、本気で、その「実力」を磨こうとする人は、残念ながら、多くはない。

しかし、もし、あなたが、本気で、その「実力」を磨こうと思い定めるならば、そして、そのための「心得」を修得するならば、まもなく、周りから「強運」と言われるようになり、不思議なほど「良い運気」を引き寄せる、自身の姿に気がつかれるだろう。

では、どうすれば、この「運気を引き寄せる力」を身につけることができるのか。

そのために修得すべき「心得」とは何か。

第三話

「強運」のリーダーは、メンバーやチームにも「強運」を呼び込む

それが、これから本書で述べる「七つの心得」であるが、ただ、その話に入る前に、もう一つ、大切なことを語っておこう。

先ほどから「経営者やリーダーの運の強さ」について語っているが、**そもそも、「経営者やリーダーの運の強さ」とは、何か。**それは「社員やメンバーの運の強さ」とは、何が違うのか。

ここでは、筆者の「体験的リーダー論」として、一つの定義を申し上げよう。

経営者やリーダーの「運の強さ」には、三つの意味がある。

それは、危機や逆境において、
第一に、自らに「良い運気」を引き寄せる力のことであり、
第二に、自らが率いる社員やメンバーの「運気」を高める力のことであり、
第三に、自らが預かる企業や団体、組織やチームの「運気」を高める力のことである。

こう述べると、あなたは驚かれるかもしれないが、**「強運」のリーダーは、自分自身だけでなく、メンバーやチームにも「強運」を呼び込む。**

その理由については、後ほど詳しく述べるが、ここでは、実際に存在するリーダーを例にとって、興味深いエピソードを紹介しよう。

それは、サッカーの全日本代表監督を務めた、岡田武史氏のエピソードである。

二〇一〇年に開催されたサッカー・ワールドカップ南アフリカ大会においては、岡田監督率いる全日本チームは、事前の予想を覆《くつがえ》し、一次リーグを見事に突破し、決勝トーナメントに進んだ。

その初戦、ベスト8を懸けたパラグアイ戦は、文字通り死闘と呼ぶべき戦いとなり、前後半戦のみならず延長戦においても勝敗が決まらず、遂に、最後のＰＫ戦にもつれ込んだ。

しかし、このＰＫ戦は、運が味方せず、名選手、駒野がゴールを外し、敗れ去ることになった。

これはサッカーファンの間では良く知られている、惜しくもベスト8を逃した場面であるが、この試合後、報道陣に囲まれた岡田監督、「岡田さん、敗因は?」と聞かれて、何と答えたか。

それは、見事な答えであった。

岡田監督は、ただ一言、こう答えた。


「ええ、私の勝利への執念が、足りませんでした!」


その答えは、「あの場面で戦術を誤った」や「あのときの選手の起用を誤った」といったものではなかった。ただ一言、「私の執念が足りませんでした!」という言葉であった。

では、なぜ、これが、見事な言葉なのか。

この言葉は、一見、すべてを自分の責任として引き受ける「謙虚な姿勢」を示す言葉のように聞こえる。しかし、実は、この言葉は、岡田武史というリーダーの「深い自信」を示す言葉である。

　なぜなら、「私の執念が足りませんでした」という言葉は、裏返せば、「自分の執念で、チームに運気を引き寄せることができる」という意味の言葉であり、ＰＫ戦という「運気」によって左右される場面においては、**自分の執念や想念、意識や精神の力で、その「運気」を引き寄せることができる**という、岡田監督の信念を表した言葉だからである。

　この岡田監督の例のように、優れた経営者やリーダーは、自分が率いる会社や団体、組織やチームに、自分の想念や精神の力で「運気」を引き寄せることができると信じており、そして、現実に、その力によって、運気を引き寄せている。

　実際、岡田監督は、それまでも、何度も「運気を引き寄せる力」を発揮している。

　例えば、全日本チームが初めてワールドカップの本大会に出場した、一九九八年のフランス大会。その最終予選では、戦績不振の責任を取り、加茂周監督が退任し、急遽《きゅうきょ》、それまでコーチであった岡田武史氏が全日本代表監督に就任し、指揮を執ることになった。

しかし、その岡田新監督にとっては初陣であり、予選突破のためには絶対の勝利が求められていた、次のウズベキスタン戦でも、必死の戦いも空《むな》しく、勝利することができず、引き分けに終わった。

試合終了とともに、日本中のメディアも、サッカーファンも、「ああ、これで、日本の予選敗退が決まった…」と落胆した状況のなか、岡田新監督を取り囲んで記者団のインタビューが行われた。

ところが、このインタビューで、岡田新監督は、何と言ったか。

誰もが「これで、予選突破は絶望的になった！」と思っている、その報道陣を前に、岡田新監督は、微塵《みじん》の迷いも見せず、こう言った。

「いや、まだ、首の皮一枚、残っています！
ひょっとすると、ひょっとします！」

筆者は、この場面を、当時、テレビを通じて東京で見ていたが、内心、「この若い新監督、見事なリーダーだ」と思った。

なぜなら、**「真のリーダー」とは、厳しい逆境において、一〇〇人の部下全員が「この勝負、もう駄目だ！」と思っても、そこに、わずかでも勝利の可能性があるかぎり、「まだ、勝負はついていない！」と語り、一〇〇パーセント敗北が決するまで、決して諦めないリーダー**だからである。

それは、筆者が永年の体験を通じて掴《つか》んだ「リーダー論」であるが、かつて、将棋という勝負師の世界でも「勝負は、下駄を履くまで分からん！」との言葉が語られてきた、まさに、その精神である。実際、現在、永世七冠の称号を持つ羽生善治棋士は、その全盛期において、他の棋士ならば諦めるような明らかに劣勢の盤面でも、粘りに粘り、決して諦めなかった。その粘りが、しばしば、相手のミスを誘い、劇的な逆転をした対局が、いくつもあった。

これが、世に言われる「羽生マジック」であるが、羽生棋士は、ただ、その天才的な資質だけで、その業績を挙げたわけではない。その業績は、「勝負は、下駄を履くまで分からん！」という言葉通り、一〇〇パーセント、敗北が決するまで、決して諦めない精神によって、築かれたものでもある。

同様に、多くのサッカーファンの記憶に焼きついているように、このフランス大会、岡田新監督率いる全日本チームは、粘りに粘り、結局、イランとのプレーオフにまで持ち込み、最後は、Ｖゴール（ゴールデン・ゴール）による劇的な勝利を収めたのである。

これが、世に伝えられる「ジョホールバルの歓喜」と呼ばれる名場面であるが、このように、岡田武史氏は、新監督として指揮を執った、この最終予選でも、リーダーとして「運気を引き寄せる力」を発揮しているのである。


では、この岡田武史氏の「運気を引き寄せる力」は、どのような「心構え」から生まれてくるのか。

そのことを教えてくれるもう一つのエピソードがある。

それは、岡田武史氏が、Ｊリーグのチームの監督を務めていたときのことである。

Ｊリーグの、ある公式試合でのこと、誰が見ても誤審と分かる、審判のミスジャッジで、そのチームが敗北を喫した。選手やファンが、その誤審に憤りを感じ、報道陣も、この誤審について、岡田監督の抗議の声を聞きたいと思っている場面で、岡田監督、この誤審について聞かれ、何と答えたか。

「ええ、審判も人間ですから、誤審をすることもあります。

我々は、それも含めて、勝たなければならないんです！」


これも、見事というべき答え。

敗北したとき、その勝負の結果を、誰かの責任にせず、それを、すべて、自分の責任として無条件に受け入れる姿勢。この岡田監督の姿勢が、実は、「運気を引き寄せる」のである。

こうした「すべてを、自分に原因があるとして受け入れる」ことを、心理学の用語では「引き受け」と呼ぶが、不思議なことに、**この「引き受け」の姿勢を持つ人間は、運気を「引き寄せる」**のである。


さて、ここまで、サッカーの岡田武史監督のエピソードを三つ紹介したが、この三つのエピソードが教える、リーダーの三つの姿勢、

第一　自分の想念の力で、チームに運気を引き寄せられると、深く信じている姿勢

第二　一〇〇パーセント、敗北が決まるまで、勝利を信じて絶対に諦めない姿勢

第三　敗北の結果を、すべて自分に原因があるとして、「引き受け」をする姿勢

これらの姿勢は、いずれも、「運気を引き寄せるリーダー」に共通の姿勢である。

従って、もし、あなたが、「運気を引き寄せるリーダー」になろうとするのであれば、この「三つの姿勢」を身につけることが一つの方法であるが、実は、それは決して、容易なことではない。

その理由については、この後、第五話で詳しく述べるが、一言で述べるならば、**我々の心には、極めて厄介《やっかい》な性質がある**からである。

しかし、もし、あなたが、この厄介な性質を理解したうえで、本書で述べる「七つの心得」を身につけ、それを実践するならば、必ず、危機や逆境において、運気を引き寄せるようになるだろう。そして、自らが率いる社員やメンバーの運気を高め、自らが預かる会社やチームの運気を高めることができるようになるだろう。

その「七つの心得」については、この後の第六話から、一つ一つ詳しく語っていくが、その前に、ここまでの話で、「経営者やリーダーの運の強さ」とは何かについて、理解して頂いただろうか。

すなわち、端的に言えば、

「強運」のリーダーは、メンバーやチームにも「強運」を呼び込む。

それが、「経営者やリーダーの運の強さ」に他ならない。

そのことを理解して頂いたうえで、いよいよ、まずは自分自身が「運気を引き寄せる力」を身につけるためにはどうすれば良いのか、そのことを語ろう。

第四話

人生において「良い運気」を引き寄せる、古今東西、唯一の方法

「運気を引き寄せる力」を身につけるためには、どうすれば良いのか。

実は、その答えは、言葉にすれば非常に簡単である。

なぜなら、「運気」ということについて語った書物は、文字通り、古今東西、無数にあるが、それらの書物のいずれも、「運気を引き寄せるための技法」として、究極、ただ一つのことしか言っていないからである。

それは、何か。

「ポジティブな想念を持つ」

洋の東西を問わず、古今を問わず、運気について語った書物は、いずれも、このことを述べている。

ここで「ポジティブな想念」とは、「肯定的な想念」「積極的な想念」「明るい想念」「プラスの想念」とも呼ばれているものである。

例えば、「運気」について語った書籍として、世界の読者によく知られているのは、ジョセフ・マーフィーの『眠りながら成功する』や、ナポレオン・ヒルの『思考は現実化する』、ロンダ・バーンの『ザ・シークレット』などがあり、日本においては、中村天風の『運命を拓く』などがあるが、そのいずれも、次のような言葉で、「運気を引き寄せる技法」を語っている。

「人間の心は、放っておくと、
九割は否定的方向に傾いてしまう。
だから常に、肯定的思考を身につけなければならない」

（ジョセフ・マーフィー）

「良いことを考えれば、良いことが起きる。
悪いことを考えれば、悪いことが起きる。
あなたは、一日中、考える通りになる」
（ジョセフ・マーフィー）

「積極的な心構えを持つ人が、幸運をもたらす流れに乗る。
反対に、消極的な心構えを持つ人は、
貧困の流れに乗って、それに巻き込まれてしまう」
（ナポレオン・ヒル）

「人間は、どの瞬間でも、
ポジティブかネガティブか、いずれかの思考を発し、
ポジティブかネガティブか、いずれかの感情を抱いている。

それがポジティブかネガティブかで、あなたが受け取るものが決まってくる」

（ロンダ・バーン）

「絶対に、消極的な言葉は使わないこと。
否定的な言葉は、口から出さないこと。
悲観的な言葉なんか、断然、
もう自分の言葉の中にはないんだと考えるぐらいな
厳格さを、持っていなければだめなんですよ」

（中村天風）

これらの言葉が述べていることは、昔から、「強運」の人物の誰もが信じ、実践してきたことでもあり、普遍的な真実である。

例えば、フランスの歴史的英雄、ナポレオン・ボナパルトは、有名な「我輩の辞書に不可能という文字は無い」という言葉を残しているが、これ以上の「ポジティブな想念」は無いだろう。

また、数々の発明を成し遂げたことで知られるアメリカの天才的技術者、トーマス・エジソンは、無数の実験に失敗した後も、「素晴らしい結果を得た。数千種類の材料が役に立たないことを発見した」と語っているが、この言葉も、エジソンという人物が、「ネガティブに見える出来事」に対して、どこまでも「ポジティブ」に受け止めようとする想念を持っていたことを示している。

このように、「ポジティブな想念」を持つことが、運気を引き寄せるための、最も重要な技法であり、そして、唯一と言って良い技法であることは、古今東西、誰もが語っていることであるが、しかし、実は、それを実行することは、極めて難しい。

なぜなら、先ほどのジョセフ・マーフィー、ナポレオン・ヒル、ロンダ・バーン、中村天風などの著書を読み、「そうか、ポジティブな想念を持てば良いのか」と考え、それを実行しようとした人は無数にいるが、それで、誰もが実際に「運気」を引き寄せ、人生の「成功」を引き寄せているわけではないからである。

では、なぜ、「ポジティブな想念」を持つことが、難しいのか。
そのことによって、「運気」を引き寄せることが、難しいのか。

その理由を知るためには、まず最初に、我々の心の持つ「不思議な性質」を理解する必要がある。いや、むしろ、それは、「厄介な性質」と呼ぶべきものである。

では、その「厄介な性質」とは、何か。

第五話

なぜ、その唯一の方法を実行しても、運気が向上しないのか

それは、「**心の双極的性質**」と呼ぶべきものである。

では、「心の双極的性質」とは何か。

それは、分かりやすく言えば、「**心の世界**」は、「**電気の世界**」に似ているのであり、「心」というものは、「電気」と同じような性質を持つのである。

すなわち、電気の世界においては、良く知られているように、プラスの電荷とマイナスの電荷は、同じ量だけ生まれる。そのため、ある場所にプラスの電荷が生まれ、溜《た》まると、反対側にマイナスの電荷が同じ量だけ生まれ、溜まる。

これが、「電気の双極的性質」と呼ばれるものであるが、小学校などの理科の授業でも、

そうした実験を行っている。例えば、ガラスを絹の布でこすると、そこにプラスの電荷が生まれるという実験は、誰もが経験しているだろう。しかし、実は、同時に、反対側にはマイナスの電荷が、同じ量だけ生まれているのである。

そして、実は、心にも同じような「双極的性質」と呼ぶべきものがある。

そのため、**我々は、心の「表面意識」の世界で「ポジティブな想念を持とう」と思い、ポジティブな想念を強く抱くことはできるが、そのとき、同時に、心の「無意識」の世界に、ネガティブな想念が生まれてしまう**のである。

この「心の双極的性質」の問題は、誰もが日常の仕事や生活において経験していることである。

実際、会社の企画部門などにおいても、こうした問題は、しばしば生じている。

例えば、企画担当者の田中君に、上司の鈴木課長が、「田中君、明日の経営会議でのプレゼンの準備、どうだい？」と聞く。すると、田中君、「ええ、準備は、順調に進んでいます」と答える。そこで、鈴木課長、田中君を励ますつもりで、「そうか。明日の経営会議、僕も楽しみにしているからな」と言う。すると、田中君、表情を明るくして「そうですか。頑張ります！」と答える。そこで、鈴木課長、さらに田中君を励ますつもりで、「君のプレゼンは素晴らしいからな。きっと、社長も楽しみにしているよ」と言う。その鈴木課長の言葉を受け、田中君、少し緊張しながら「有り難うございます。頑張ります！」と言う。

　こうした上司からの励ましは、どの職場でも、しばしば見受ける光景であるが、では、このとき、田中君の「心の世界」を覗《のぞ》くならば、何が起こっているのか。

　たしかに、鈴木課長が田中君に「僕も楽しみにしているからな」「社長も楽しみにしているよ」と励ますことによって、田中君の表面意識の世界には、「そうか！　では、ますます頑張らなければ！」というポジティブな想念が引き出されている。しかし、同時に、心には「双極的性質」があるため、この田中君の無意識の世界には、逆のネガティブな想念、「プレゼンは、上手《うま》くできるだろうか…」「上手くできないのではないか…」「上手くできなかったらどうしよう…」といった想念が生まれ、溜まってしまっている。

こうしたことは、仕事の場面においてだけでなく、様々な人生の場面においても、起こっている。

例えば、大学の受験日を前に、家族から「明日の試験、頑張ってね！」と言われ、「うん。頑張る！」と元気よく答える受験生の心の奥にも、同様のネガティブな想念、「これほど家族に期待され、合格できなかったらどうしよう…」「合格できないのではないか…」といった想念が生まれてくることは、しばしばある。

このように、仕事の場面、人生の場面を問わず、表面意識の世界で、どれほど「ポジティブな想念」を引き出しても、無意識の世界に「ネガティブな想念」が生まれてくることは、誰でも経験していることであろう。

これが、筆者が「心の双極的性質」と呼んでいる心の不思議な性質、厄介な性質であるが、この性質のため、古今東西の「運気論」の書籍で語られている「運気を引き寄せる技法」、すなわち「心にポジティブな想念を持つ」という技法が、全く正しいものであるにもかかわらず、それを実行することが極めて難しいのである。

すなわち、これらの書籍が語っている技法、例えば「運気を引き寄せるためには、ポジティブなイメージを心に描く」や「幸運を引き寄せるためには、ポジティブな言葉を唱える」といったことを実行しても、表面意識の世界にはポジティブな想念が生まれるが、無意識の世界には、逆に、「ネガティブなイメージ」や「ネガティブな言葉」が生まれ、それが、ネガティブな想念となってしまうのである。

　例えば、表面意識の世界で、どれほど強く「成功」や「勝利」や「達成」のイメージや言葉を抱いても、無意識の世界に、その対極にある「失敗」や「敗北」や「挫折」のイメージや言葉が生まれてしまうのである。

　そして、**我々の人生を支配するのは、**これも、古今東西、多くの書籍が語っているように、**我々の「無意識の世界」であるが**ゆえに、「表面意識の世界」に、どれほどポジティブな想念を持っても、「無意識の世界」に生まれるネガティブな想念が、我々の人生をネガティブな方向に導いてしまうのである。

　筆者が、二〇一九年に『運気を磨く』という著書を上梓したのは、世の中を見渡すと、「運気論」を語り、こうした「ポジティブ思考」の重要性を語った書籍は数多くあるにもかかわらず、実は、この「心の双極的性質」の問題を正面から取り上げ、この厄介な問題を解決する技法や心得を語った書籍が無かったからである。

では、どうすれば、この厄介な問題を解決できるのか。

そして、無意識の世界も含めて、心をポジティブな想念で満たすことができるのか。

そこで、これから、この問題を解決し、運気を引き寄せるための心得について語ろう。

ただし、本書のタイトルは、『運気を引き寄せるリーダー　七つの心得』である。従って、これからの説明は、あなたが、経営者やリーダーであることを想定して語るものである。

しかし、もし、あなたが、経営者やリーダーではないとしても、これから述べる「七つの心得」は、誰にとっても、「運気を引き寄せる」ために極めて有効な「心の技法」である。そうした視点で、本書を読んで頂ければと思う。

そのことを申し上げて、早速、「七つの心得」について語っていこう。

第六話

「肯定的な想念」を持つのではなく、「絶対肯定の想念」を持つ

まず、第一の心得を、一言で述べよう。

第一の心得　目の前の危機や逆境を、「絶対肯定の想念」で見つめる

これはどういうことか。

ここで**「絶対肯定の想念」とは**、分かりやすく言えば、**「ポジティブしかない」という想念の状態**である。

先ほど「心の双極的性質」ということを述べたが、実は、人間の心には、無意識の世界も含めて「ポジティブ」と「ネガティブ」、「プラス」と「マイナス」、「肯定的」と「否定

的」、「積極的」と「消極的」といった分極が起こらない状態がある。それが「絶対肯定の想念」と呼ぶべき状態である。

こう述べると、あなたは、「そんな心の状態があるのか？」と驚かれるかもしれないが、実は、我々は、毎日、そうした心の状態の人間と接している。

それは、誰か。

「子供」である。

例えば、第五話で述べたように、企画担当者の田中君に、「明日の経営会議、楽しみにしているからな」と励ますと、田中君、表面意識では「そうですか。頑張ります！」と、ポジティブな想念が生まれるが、心の奥深くには、「プレゼンは、上手くできるだろうか…」「上手くできないのではないか…」といったネガティブな想念が生まれてしまう。

しかし、もし、子供の太郎君に、「太郎君は、将来、何になりたいの？」と聞き、太郎君は、「うん、僕は、宇宙飛行士になるんだ！」と答えたとする。そこで、「本当になれるかい？」と聞いても、「うん、なるんだ！」と、まったく疑おうとしないだろう。

なぜなら、この太郎君は、心の底から「自分は、宇宙飛行士になれる！」と思っているからであり、無意識の世界も含めて、どこにも、「なれるだろうか…」「なれないのではないか…」「なれなかったら、どうしよう…」といったネガティブな想念が存在しないからである。

では、なぜ、子供には、こうしたネガティブな想念が無いのか。

その理由は、明確である。子供は誰もが、日本語で語られる一つの性質を持っているからである。

それは、何か。

「無邪気」だからである。

すなわち、心のどこを見ても「邪気」が無い、言葉を換えれば、「ネガティブな想念」「マイナスの想念」「否定的な想念」が無いのである。

それゆえ、「無邪気」な子供というのは、ある意味で、「絶対肯定の想念」を持っていると言えるのである。「ポジティブしかない」という想念の状態である。

これは、子供の持つ、もう一つの性質を表す言葉も、同様である。

それは、「純真無《む》垢《く》」という性質である。

すなわち、広辞苑にもあるように、この「純真」とは「心に邪念がまったく無いさま」であり、「無垢」とは「けがれの無いこと」である。すなわち、この言葉も、子供の心には、ネガティブな想念が無いこと、「絶対肯定の想念」しか無いことを意味している。

では、なぜ、我々は、「子供」の頃は、誰もが「無邪気」であり、「純真無垢」であり、ネガティブな想念の無い「絶対肯定の想念」を持っていたにもかかわらず、歳を重ね、「大人」になるに従って、「無邪気さ」や「純真無垢さ」を失い、「絶対肯定の想念」を失っていくのか。「ポジティブな想念」の一方で、「ネガティブな想念」を抱くようになっていくのか。

それにも、また、明確な理由がある。

第七話

「多重人格のマネジメント」が、
良い運気を引き寄せる

その理由は、大人は誰もが、日本語で語られる、もう一つの性質を身につけているからである。

それは、何か。

「分別」を身につけているからである。

すなわち、「分ける、別れる」と書いて「分別」。

我々は、大人になると、「真と偽」、「善と悪」、「美と醜」、「成功と失敗」、「勝利と敗北」、「達成と挫折」、「幸福と不幸」、「幸運と不運」といった形で、**世界を二つに分け、一方は**

良いこと、一方は悪いことという「分別」の思考、言葉を換えれば、**「二項対立」の思考**を身につけていく。

もとより、この「分別」は、我々が社会生活を営むうえで、極めて重要なものであり、この「分別」を身につけることは、一般的には、良いこととされている。

例えば、実社会においても、「分別をわきまえた人物」「分別を身につけた人物」という言葉は、褒め言葉として使われ、決して、否定的な意味において使われる言葉ではない。

しかし、先ほど述べた「心の双極的性質」という意味では、この「分別」を身につけていることが、しばしば、問題を引き起こす。

すなわち、我々が、心の表面意識で「成功」を思えば、無意識に「失敗」という想念が浮かび、表面意識で「勝利」を思えば、無意識に「敗北」という想念が浮かび、「達成」を思えば、「挫折」が浮かぶといった形で、我々の無意識の世界にネガティブな想念が生まれてしまうのである。

では、どうすれば良いのか。

どうすれば、この「心の双極的性質」の問題を超えることができるのか。

そのための方法は、明確である。

「無邪気さ」を失わないことである。

すなわち、大人になって、様々な「分別」を身につけていくことは、社会生活を営むうえで不可欠のことであるが、その一方で、大人になっても「無邪気」に夢を語ったり、夢の実現を信じる人格を、決して失うことなく、自分の中で大切にすることである。

実際、世の中を見渡すと、**魅力的なビジョンや目標を語り、夢や志を語りながら、それを実現していく経営者やリーダー**がいるが、こうした経営者やリーダーは、必ずと言って良いほど、**「無邪気な人格」**を持っている。

ここで、「無邪気な人格を持っている」と述べたが、**我々は、誰もが、自分の中に様々な人格を持っており、それらの様々な人格を、場面や状況に応じて使い分け、仕事や生活を営んでいる。**

例えば、会社では「辣腕《らつわん》のマネジャー」の人格で仕事をしているが、家に帰れば「子煩《こぼん》悩《のう》の父親」の人格が現れ、実家に戻れば「母親に甘える末っ子」の人格に戻る、といったことは決して珍しくない。

このことは、拙著『人は、誰もが「多重人格」―誰も語らなかった「才能開花の技法」』（光文社新書）でも述べたことであるが、我々は誰もが、心の中に多様な人格を持っており、実生活においては、場面や状況に応じて、適切な人格を前に出して仕事をし、生活をしている。しかし、永年の仕事と生活の習慣のなかで、あまり使わない人格は、いつのまにか、心の奥深くに隠れてしまっている。また、幼少期からの環境の中で、抑圧して、隠れてしまっている人格もある。

従って、魅力的なビジョンや目標を語り、夢や志を語りながら、それを実現していく経営者やリーダーは、実は、ビジョンや夢を語る「無邪気な人格」を抑圧することなく表に出すことができると同時に、様々な現実に対処し、色々な問題を解決し、そのビジョンや夢を実現していく「現実的な人格」も自分の中に持ち、それらを見事に使い分けているのである。

例えば、朝の役員会議では、収益目標について、厳しい言葉で経営幹部を叱咤《しった》するかと思えば、昼の若手社員懇談会では、親しみやすい親父的な雰囲気で社員に語りかけ、午後の社内ビジョン発表会では、全社員に向けて、会社の未来ビジョンを魅力的に語るといった経営者は、決して珍しくない。

すなわち、子供は誰もが「無邪気さ」という「絶対肯定の想念」を持っているが、我々大人の経営者やリーダーが、その「無邪気さ」を持つためには、素朴に「子供に戻る」ということではなく、**自分の持つ様々な「人格」の中に、明確に「無邪気な人格」を持ち続ける**ことである。そして、それを、他の人格、「現実的な人格」「優しい人格」「厳しい人格」などと共存させながら、適切に使い分けていくことである。


筆者は、こうした「人格の使い分け」を、先ほどの著書『人は、誰もが「多重人格」』において「**多重人格のマネジメント**」と呼んでいるが、我々大人が「分別」を持つ一方で、「無邪気さ」を失わず、心の中に「絶対肯定の想念」を持ち続け、「良い運気」を引き寄せるための一つの方法は、この「多重人格のマネジメント」を身につけることである。

そして、この拙著のサブタイトル「誰も語らなかった才能開花の技法」が示すように、もし、あなたが、この「多重人格のマネジメント」を身につけるならば、それは、「良い運気」を引き寄せるだけでなく、あなたの中から「様々な才能」が開花してくるだろう。

なぜなら、我々の中で「**才能**」と「**人格**」**は、深く結びついている**からである。

実際、筆者が若き日に部下として薫陶を受けたある取締役は、事業戦略を語らせると、大胆な発想の見事な戦略を語る戦略家の人格を見せ、商談や交渉の場に着くと、実にしたたかな人格が現れ、社交の場に出ると、周りを惹きつける魅力的な人格を示し、会社の将来を語らせると、思わず聞き入ってしまうビジョンを語る人格が現れた。

この取締役は、文字通り「多重人格のマネジメント」が見事にできる人物であり、場面と状況に応じて「多様な人格」が前に出てきたが、それらの人格は、同時に、この取締役の「多彩な才能」を支えていた。

そして、この取締役は、それらの様々な人格の中に、「無邪気な人格」を明確に持っていたが、その人格の持つ「絶対肯定の想念」が、この取締役の「運気を引き寄せる力」となっていた。

その「無邪気な人格」という意味で、筆者にとって忘れられない思い出がある。

それは、その取締役の海外出張に随行し、週末、アメリカのナイアガラの滝を見に行ったときのことである。地響きを立てて流れ落ちる壮大な滝の姿に、無邪気さを隠そうともせず、ただ感動する取締役の姿が、いまも筆者の心に残っている。

しかし、この無邪気さが引き寄せるものであろう、この取締役は、文字通り、危機や逆境において「運気」を引き寄せる人物であり、社内では弱小の部門を率いていたにもかかわらず、最後は、この企業の社長になったという「強運」の人物であった。

だが、これは、この取締役だけではない。世の中で知られる「強運」の経営者は、例外なくと言っても良いほど、誰もが、その心の中に「無邪気な人格」を持っている。

あなたの周りにも、そうした経営者やリーダーがいるのではないだろうか。

さて、こう述べてくると、

第一の心得　目の前の危機や逆境を、「絶対肯定の想念」で見つめる

ということの、「絶対肯定の想念」の一つの意味を、理解されただろう。

その一つの意味は、心の中に「無邪気さ」を持つということであり、自分の持つ様々な人格の中に、「無邪気な人格」を持つということである。

その「無邪気さ」や「無邪気な人格」が、あなたの中に「絶対肯定の想念」を生み出し、その「究極のポジティブな想念」が、必ず「良い運気」を引き寄せるだろう。

しかし、この「絶対肯定の想念」を持つためには、「無邪気さ」や「無邪気な人格」を持つことだけが方法ではない。実は、これに加えて、さらに大切な二つの方法、二つの心得がある。

ここからは、さらに深い話になっていくが、その二つの心得について、話を進めよう。

第八話

なぜ、「死」を直視した人間が、「強運」になるのか

では、「絶対肯定の想念」を持つための、第二の心得は何か。
それは、次の心得である。

第二の心得　危機や逆境のときこそ、「死」を見つめ、「死生観」を定める

では、なぜ、「死」を見つめると、「絶対肯定の想念」を持つことができるのか。「良い運気」を引き寄せることができるのか。
筆者に、そのことを教えてくれたエピソードを紹介しよう。

筆者には、若い頃に薫陶を受けた、もう一人の経営者の方がいた。

この経営者は、中小企業を経営する年配の方であったが、太平洋戦争で戦地に赴《おもむ》き、絶望的で過酷な戦いのなか、多くの戦友が命を失っていく修羅場を体験し、奇跡的に本国に生還してこられた方であった。

筆者は、あることから、この経営者とご縁を得たが、当時、ビジネスと経営の学びをしていた筆者に、「何かの勉強になるから、君も、当社の経営会議にときどき同席して、話を聞いていなさい」と声をかけてくれたのである。

そこで、筆者も、「これは、経営というものを実践的に学ぶ、良い機会だ」と考え、その会社の経営会議に、ときおり同席をしていたのである。

しかし、ある日、その会社で大変なトラブルが発生した。

それは、取引先との深刻なトラブルであったが、その日の経営会議では、経営幹部たちが顔色を変え、その経営者に事態を報告していた。

「社長、取引先との間で、こういう大変なトラブルが起きました！」との報告を横で聞いていると、傍目《はため》にも「これは会社が吹き飛ぶほどのトラブルではないか」と思える深刻な事態であった。

この経営者は、戦争の修羅場を体験したこともあり、腹の据わった人物であったが、それを囲む経営幹部も、なかなかの猛者《もさ》であった。しかし、その幹部が、みな、顔色を変えて事態を報告している。そして、この経営者は、その話を、黙って聞いている。

さて、経営幹部に囲まれ、深刻な事態を聞かされ、「社長、どうしましょう！」との訴えのなか、この経営者、どう処したか。

筆者は、このとき、生涯忘れることの無い場面を目撃した。

この経営者、しばし目を閉じ黙考していたが、目を開けるや、腹を据え、こう言った。

「ああ、大変なことが起こったな。
これは、下手をすると会社が吹っ飛ぶぞ」

しかし、そのあとの一言が、見事。

「だがな、最初に言っておく。
命取られるわけじゃないだろう！」

腹を据え、静かな、しかし力強い声で、こう言った。

その瞬間、経営幹部の表情が変わった。

さすが、経営幹部も猛者が集まっている。

その一言で、それまで不安な表情で経営者の言葉を待っていた幹部の顔つきが変わった。

その経営者の覚悟が伝わったのであろう。「そうだ！　所詮、命取られるわけじゃない！」と全員、腹が据わった。そして、その雰囲気の中、経営者から幹部へ、トラブルへの対策が、次々と指示された。

そして、**トラブルにおいても、慌てふためくことなく、不安に陥ることなく、腹を据えて問題に正対できる人間集団は、強い。**

このとき、この会社のトラブルは、経営幹部からも次々と出される対策案と、経営者の的確な判断によって、ぎりぎりの状況から脱し、危機を超えることができたのである。

では、なぜ、この深刻な危機において、こうした見事な状況が生まれたのか。

経営者が「絶対肯定の想念」を持っていたからである。

経営者が、この危機において、不安や困惑、落胆や焦燥などのネガティブな想念を持たず、極めてポジティブな想念を持っていたからである。

そもそも、この経営者、「生死の境」の戦地から九死に一生を得て戻ってきている。それゆえ、その人生観の根本に「生きているだけ有り難い！」という絶対的な覚悟がある。

そして、**人間にとって、「命取られるわけじゃない！」「生きているだけ有り難い！」という覚悟ほど、ポジティブな想念は無い。**

人生で、どのような危機や逆境が与えられても、

「あのとき死んでいたかもしれない。
それを生かして頂いた。
そのことを考えれば、どのような苦労も困難も、
大したことではない」

と受け止め、考えられる。

それ以上のポジティブな想念は無い。それは「究極のポジティブな想念」と言える。

そして、こうした**「絶対肯定の想念」を持っている人物の語る言葉には、「言霊《ことだま》」が宿る。**言葉に魂が乗り移ったかような力が宿る。

その「言霊」が、このとき、経営幹部の心に深く響いたのであろう。経営幹部の心を強く励ましたのであろう。

では、このエピソードから、何を学ぶべきか。

まず、危機や逆境のとき、経営者やリーダーにとって最も大切なことは、目の前で展開する個々の現象や出来事に、心を乱され、振り回されないことである。言葉を換えれば**「腹を据える」**ことである。

そして、「腹を据える」という意味で、「生きる」「死ぬ」という次元での体験を持っている人間は、強い。「生きているだけ有り難い」との「死生観」を定めているから、強い。「人生の原点」に腹を据えているから、強い。

では、この経営者のように、「腹を据える」ためには、どうすれば良いのか。

この経営者とは違う世代の我々、戦争での「生死の体験」を持たない世代の我々が、「腹を据える」ためには、どうすれば良いのか。

「死」を直視することである。

誰もが目を背けたくなる「死」を、直視することである。

そのためには、**人生における次の「三つの真実」**に正対し、深く見つめることである。

「人は、必ず死ぬ」

「人生は、一度しかない」

「人は、いつ死ぬか分からない」

これは、誰もが認める人生の真実、誰も否定できない真実であるが、我々は、日々の生活の中で、その真実を、なかなか正面から見つめようとしない。それを見つめることは、心に大きな苦痛をもたらすからである。それゆえ、我々は、日々の生活において、この真実を見ないように、意識しないようにして生きている。

そのことを、ある文化人類学者は、「**人類が生み出したすべての文化は、死を忘れるために生み出されてきた**」と述べている。極論と思える言葉であるが、決して否定できない真実を含んだ言葉でもある。

それゆえにこそ、昔から、欧米では、ラテン語の「**メメント・モリ：memento mori**」**（死を忘れるな）**という言葉が語られてきたのであるが、もし我々が、心の苦痛を超え、この「三つの真実」を直視するならば、誰であろうとも、自ずと「腹が据わる」だろう。

特に、第三の真実、「人は、いつ死ぬか分からない」という人生の冷厳な真実を、直視し、覚悟するならば、「いま、こうして生きているだけ有り難い」という「死生観」が定まり、「所詮、命取られるわけじゃない！」と、腹が据わるだろう。

そして、「生きているだけ有り難い」という想念は、「究極のポジティブな想念」、「絶対肯定の想念」であるがゆえに、この「死生観」を定めた人間は、自然に「良い運気」を引き寄せるのである。

では、筆者は、いかにして、その「死生観」を定めたか。次に、そのことを語ろう。

第九話

「強運」のリーダーを育てる、三つの「生死の体験」

前話において、戦地での「生死の境」から戻ってきた経営者のエピソードを紹介したが、実は、我が国においては、戦後、経営者に向けて一つの警句が語られていた。

それは、次の警句である。

「経営者として大成するには、
三つの体験のいずれかを持たねばならぬ。
戦争か、大病か、投獄か」

この言葉が教えているのは、要するに、「優れた経営者になるためには、生死の体験を持て。その体験を通じて、深い死生観を定めよ」ということである。

第一の「戦争」は、前話で紹介した経営者のような、ぎりぎりの「生死の体験」である。

第二の「大病」は、かつて「死病」と呼ばれた「結核」である。

第三の「投獄」は、戦前や戦時中、思想犯として捕まるような「投獄」である。実際、小説『蟹工船』で知られる文学者の小林多喜二は、思想犯として捕まり、特高警察の拷問によって殺された。そうした時代の後に語られた警句である。

たしかに、我が国において、戦後、活躍された経営者を拝見すると、この三つの体験を持たれた経営者は、少なくない。

例えば、第二話で紹介した、元住友銀行頭取の小松康氏は、戦時中、海軍に徴兵され、水兵として乗船していた巡洋艦・那智が、敵機の攻撃によって撃沈された。艦から海に投げ出され、波間に浮かびながら、沈みゆく夕日を見て、死を覚悟したとき、奇跡的に味方の艦船によって救助されたという体験の持主である。

第二話で述べた「運の強い奴だよ！」という小松氏の言葉は、実は、小松氏自身が、生死の境で、その「強運」に救われたという体験が語らせた言葉でもある。

また、やはり筆者が深い縁を得た経営者、ダイエー・グループ創業者の中内㓛氏は、さらに極限の戦争体験を、その自叙伝において、次のように語っている。

「私は、中内軍曹として、敗戦を迎えた。
自分の目の前で、多くの戦友が死ぬのを見た。
突撃の一言で、勇敢な人ほど死んでいった。
私は卑怯未練で、生き残った。
その無念の思いが、いまも私を、
流通革命に駆り立てている」

さらに、元伊藤忠商事会長の瀬島龍三氏。
山崎豊子の小説『不毛地帯』の主人公にもなった経営者であるが、この瀬島氏は、シベリア抑留一一年の体験である。それは、いわば「戦争」と「投獄」の同時体験でもあったが、その過酷な体験を一一年、与えられた。

　そして、「大病」という体験では、京セラ・名誉会長の稲盛和夫氏も、元セゾン・グループ代表の堤清二氏も、若き日に結核を患《わずら》っている。

　このように、たしかに、戦後、活躍された経営者を拝見すると、この三つの体験を持たれた経営者は、珍しくない。

　しかし、こう述べてくると、あなたの心の中には、一つの疑問が浮かぶだろう。

「この平和な時代、民主主義の社会において、
戦争は無い、また思想犯の投獄も無い。
そうした時代に、この三つの体験を持つことは、
不可能ではないか」

　その通り。現代の日本において、幸い「戦争の体験」は無い。戦争など、決してするべきでは無い。また、現代の日本社会においては、「投獄の体験」もするべきではない。こ

の民主主義社会における「投獄」とは、法律に基づく「懲役」のことであり、それは、明らかに「反倫理的」なものや「反社会的」なものだからである。

従って、この警句が教える体験で、現代において意味を持つのは、「大病の体験」であろう。現代において「結核」は、もはや「死病」ではないが、我々は、新たに「癌《がん》」という困難な病に直面している。また、それ以外にも、「不治の病」と呼ばれるものが、いくつも存在している。

しかし、この「大病の体験」も、自ら望んでするものではない。また、できるものでもない。それは、深い意味があって、ときに、天が我々に与えるものであろう。

実は、筆者は、三八年前に、その体験を与えられた。

三八年前、筆者は、医者から見放される大病を患った。医者からは「もう、命は長くない」との宣告を受けた。

それは、文字通り「生死の体験」であった。

自分の命が刻々失われていく恐怖と絶望の中で、まさに「地獄」のような日々を体験した。それは、世の中で使われる「悪夢」という言葉が、なまやさしい言葉に聞こえる日々であった。それが「悪夢」ならば、鬼に追いかけられようとも、その夢から覚めれば、鬼は消えていく。しかし、この「生死の病」は、寝ている間は忘れていられるが、目が覚めれば、刻々、命が失われていく自分の姿が、現実である。何度、夜中に目を覚まし、絶望の中で、深い溜息《ためいき》をついたことか。

　この絶望のどん底から、どのようにして戻って来ることができたかは、拙著『すべては導かれている』（小学館）に詳しく述べているが、その地獄の日々の中で、天の声に導かれたのであろう、ある禅寺との縁を得て、そこに行き、その寺の禅師から与えられた一つの言葉によって、救われたのである。

　それは、短い言葉であったが、奈落の底を彷徨《さまよ》っていた一人の人間にとっては、まさに魂に響く言葉であった。

　それは、次の二つの言葉であった。

「そうか、もう命は長くないか。
だがな、一つだけ言っておく。
人間、死ぬまで、命はあるんだよ！」

「過去は、無い。
未来も、無い。
有るのは、
永遠に続く、いまだけだ。
いまを生きよ！
いまを生き切れ！」

筆者は、この二つの言葉によって、大切なことに気づかされた。

たしかに、その通り。

医者から「命は長くない」と伝えられ、その絶望の中で、まだ、命はあるにもかかわらず、心が、もう死んでいた。

そして、毎日、毎日、「どうして、こんなことになったのか」と、過去を悔いることに時間を費やすか、「これから、どうなってしまうのか」と、未来を憂うることに時間を費やしていた。そのため、かけがえの無い人生の時間を、この「いま」という一瞬を、精一杯に生きてはいなかった。

この禅師の言葉によって、その自分の姿に気づいたとき、筆者の心の奥深くから、一つの覚悟が湧き上がってきた。

「ああ、この病で、明日《あす》死のうが、明後日《あさって》死のうが、構わない！
しかし、この病を悔いること、憂うることで、
このかけがえの無い時間を失うことは、絶対にしない！
今日という一日を、精一杯に生きよう！　精一杯に生き切ろう！」

そして、この覚悟を定めたとき、筆者は、「病を超えた」のである。

もとより、それは、「病が消えた」わけではない。

病の症状そのものは、それから一〇年の歳月、続いたが、心が「病に囚《とら》われなくなった」のである。そして、この覚悟を定めた瞬間から、不思議なほどの生命力が湧き上がり、その生命力が、最後は勝ったのであろう、いつか、この病も消えていったのである。

この「生死の体験」は、天が筆者に与えたものであろう。それゆえ、健康を回復し、元気に活動する現在も、仕事や生活で危機や逆境に直面するとき、必ず、心の中に一つの思

いが浮かび上がってくる。


「天の導きが無ければ、あのとき死んでいた。

それを、こうして何十年も生かして頂いた。

それだけでも、本当に有り難い」


そして、その思いが浮かび上がってくると、目の前の危機や逆境に正対して取り組んでいく勇気が湧き上がってくるのである。

実際、三八年前、あの病気のどん底で、あの絶望の中で、「あと一日、生かして頂きたい」と願い続けたことを思えば、いま、どのような苦労や困難がやってきても、「命取られるわけじゃない！」と、腹を据えて向き合っていける。

もとより、こう述べる筆者自身は、いまだ一人の経営者としても、一人の人間としても、修行中の身であるが、あの「生死の病」の体験を通じて「死生観」を掴ませて頂いたことが、それからの人生で、様々な危機や逆境において自身を支える大きな杖《つえ》となっている。

しかし、こう述べてくると、あなたは、このように思われるかもしれない。

「戦争の体験をしたそれらの経営者や、大病の体験をした田坂さんは、その生死の体験を通じて、死生観を定めることができたかもしれないが、そうした体験を持たない自分には、死生観を定めることは難しい」

たしかに、あなたが、そう思われる気持ちは、理解できる。筆者自身も、あの大病が与えられるまでは、「死生観」を定めることはできなかったのだから。

しかし、それでも、やはり申し上げたい。

我々は、戦争や大病の体験を持たなくとも、深い「死生観」を定めることはできる。

では、それは、どのようにしてか。

第一〇話

「明日、死ぬ」という修行で開花する「秘められた力」

それは、第八話で述べた「人生の三つの真実」を直視するだけでなく、それを一つの覚悟として、日々、実践することである。

すなわち、

「人は、必ず死ぬ」
「人生は、一度しかない」
「人は、いつ死ぬか分からない」

という「三つの言葉」を、毎朝、自分自身に語りかけ、その一日を始めるならば、戦争や大病の体験を持たずとも、「死生観」を定めることはできる。

特に、この第三の真実、「人は、いつ死ぬか分からない」ということを直視し、覚悟し、「与えられた一日を精一杯に生き切る」という努力を続けるならば、「生死の体験」を持たずとも、我々は、深い「死生観」を掴むことができる。

こう述べると、あなたは、「そんなに厳しいことを実践できるのか？」と思われるかもしれない。しかし、このことを愚直に実践した人物が、筆者の知るかぎり、二人、いる。

一人は、仏教者の紀野一義師である。

紀野一義師とは、かつて『致知』という雑誌で対談をする機会を得たが、そのとき、紀野師から聞かされた話に、筆者は深い感銘を受けた。

紀野師は、寺の生まれであるが、若き日に、自らの修行として**「明日、死ぬ」という修行**をしたと言う。

それは、毎日、「明日、死ぬ。明日、死ぬ。明日、自分は死ぬ」と自分に言い聞かせ、「されば、今日という一日を、精一杯に生き切ろう」と覚悟を定めて生きるという修行である。

もとより、この修行は、実際に、一日これをやってみれば分かるが、実践することは容易ではない修行である。なぜなら、どれほど「明日、死ぬ」と思っても、すぐに「そうは言っても、実際に明日死ぬわけではない」という安易な気持ちが心に浮かび上がってくるからである。

しかし、それでも、もしこの修行を愚直に続けるならば、あなたは、自分でも驚くほどの変化が、自身に起こることを知るだろう。

それは、単に「危機や逆境において、腹が据わる」といったことだけではない。そうしたことを超え、あなたの中から、想像を超えた様々な能力が開花していくだろう。

それは、例えば、「直観力」や「洞察力」であり、「想像力」や「創造力」である。

そして、さらに、本書のテーマである「運気を引き寄せる力」も身についていく。

では、なぜ、筆者は、そう述べるのか。

それは、三八年前、「大病の体験」が与えられてから、毎日、「明日、死ぬかもしれない」「そうであるならば、今日という一日を、精一杯に生き切ろう」と思い定めて生きてきた、筆者の体験が教えるものでもある。

筆者にとって、「今日という一日を、精一杯に生き切る」という修行がもたらしたものは、ただ、病を超え、生き長らえたことだけではない。不思議なほど、自分の中に眠っていた様々な能力が開花したのである。その一つの証左が、それからの歩みの中で、多岐にわたるテーマで、一〇〇冊近くの著書を上梓したことであろう。

しかし、そうしたことは、決して筆者だけの体験ではない。

それ以上に雄弁に、このことを教えてくれる人物がいる。それが、紀野一義師と並ぶ、もう一人の人物、スティーブ・ジョブズである。

スティーブ・ジョブズは、アップル・コンピュータの創業者であり、Macintosh、iPod、iPhone、iPadなどの製品を開発した「天才的イノベーター」として世界中の誰もが知る人物であるが、彼は、二〇〇五年にスタンフォード大学で行った伝説的スピーチで、こう述べている。

「私は一七歳のとき、一つの言葉に出会った。

『毎日を、人生最後の日のように生きなさい。

いつか、それが真実になるのだから』
この言葉は、私に深い印象を与えたので、それ以来、三三年間、私は毎朝、鏡の中の自分を見つめながら、こう自問し続けてきた。
『もし、今日が人生最後の日なら、今日やろうとしていることを、本当にやりたいだろうか?』と」

この言葉は、まさに、ジョブズが、「一日一日を、精一杯に生き切る」という生き方をしてきたことを述べている。

そして、その生き方こそが、彼の中から素晴らしい「直観力」や「洞察力」、「想像力」や「創造力」を引き出したのであろう。


そして、この「いつか、それが真実になる」という言葉通り、スティーブ・ジョブズにとって、二〇一一年一〇月五日、それが真実になった。

それは、彼だけではない。

それは、我々、誰にとっても、いつか真実になるのである。

そして、それは「明日」かもしれない。
その覚悟を定めることこそが、「死生観」を定めることの真の意味に他ならない。

このように、洋の東西の違いはあれども、紀野一義師、スティーブ・ジョブズという二人の人物の生き方は、

今日が「人生最後の日」と思い定め、
今日という一日を、精一杯に生き切る

ということを実践することによって、深い「死生観」を掴み、体得できることを、我々に教えてくれる。そして、深い「死生観」を掴み、体得することによって、我々の中から想像を超えた力が湧き上がってくることを教えてくれる。

紀野一義師は、この若き日の修行の後、太平洋戦争で徴兵されて戦地に赴き、文字通り「生死の極限」の体験をされた。しかし、その戦地から戻られた後、国内において、数多くの仏教著作を通じて、また、谷中全生庵《やなかぜんしょうあん》での永年にわたる講話を通じて、数多くの人々

に光を届ける人生を歩まれた。その光は、いまも、多くの人々の心を照らし続けており、深い覚悟を定めた仏教者として、見事な道を歩まれた姿であった。

さて、以上述べてきたように、我々は、「いま、こうして生きているだけ有り難い」という「死生観」を定めることによっても、「絶対肯定の想念」を身につけることができるのであり、その想念によって「良い運気」を引き寄せることができるのである。

それが、この第二の心得の意味である。

第二の心得　危機や逆境のときこそ、「死」を見つめ、「死生観」を定める

もとより、誰にとっても「死」を直視することは、容易なことではない。いや、それは苦痛に満ちた営みでもある。それゆえ、誰もが、無意識に「死」から目を背け、自身の人生の最期の瞬間を思うことを避ける。

しかし、もしあなたが、勇気を持ってその直視を行うならば、必ず、あなたの心の中の何かが変わり始める。当初の苦痛を超え、あなたの心の中に、いま、こうして生きている

ことへの「無条件の感謝」が生まれてくる。そして、それが、すべてを肯定する「絶対肯定の想念」となり、気がつけば「良い運気」を引き寄せているだろう。

しかし、我々が「絶対肯定の想念」を身につけ、「良い運気」を引き寄せるためには、ここまで述べた「無邪気な人格を育てる」こと、そして「死生観を定める」ことに加え、掴むべきもう一つの心得がある。

次話より、その心得について語ろう。

この第八話から第一〇話で語ってきた「死生観を定める」という心得は、「死」を見つめるという意味で、深い思索が求められる心得であった。

次に述べる心得は、第一三話から第一五話において、「昔から多くの人々が信じてきた神、仏、天といったものは、はたして存在するのか」を、最先端科学の視点で考えるという意味で、あなたに、さらに深い思索を求めるだろう。

では、それは、いかなる心得か。

第一一話

いかなる危機も逆境も肯定できる「絶対の信」とは何か

それは、次の第三の心得である。

第三の心得　人生は「大いなる何か」に導かれているとの「信」を定める

すなわち、自分の人生は、神、仏、天、そうした「大いなる何か」と呼ばれるものに導かれているという「信」を定めることである。そして、人生で何かの危機や逆境がやってきたとき、こう思い定めることである。

「この苦労も困難も、失敗も敗北も、

挫折も喪失も、病気も事故も、
すべて、『大いなる何か』が、
自分を育てようとして与えたもの。
『大いなる何か』は、自分を育てることによって、
素晴らしい何かを成し遂げさせようとしている」

もし、そう思い定めることができたなら、人生でどのような危機や逆境が与えられても、

「ああ、この危機は、また『大いなる何か』が
自分を育てようとして与えたものだ」

「ああ、この逆境を通じて、また『大切な何か』を、
学ばせて頂ける。また成長させて頂ける」

と、受け止め、腹が据わるだろう。

しかし、こうした思想、「人生の逆境を肯定する思想」は、決して筆者だけの特殊な思想ではない。

それは、昔から、この日本という国で語られてきた「逆境観」でもある。

例えば、戦国時代の武将、山中鹿之介が、自らの成長を願い、月に向かって「**我に、七難八苦を与えたまえ**」と祈ったという故事は、良く知られている。

また、我が国においては、「**艱難《かんなん》、汝《なんじ》を玉にす**」という格言も、多くの人によって、好んで語られてきた。

しかし、残念ながら、こうした「**逆境を肯定する思想**」や「**肯定的な逆境観**」は、ただ順境や安逸を求め、逆境や試練を厭《いと》う、現代の風潮の中で、忘れられてしまった。

だが、もし、我々が、人生で与えられるすべての逆境を、この「肯定的な逆境観」で見つめ、「絶対肯定の想念」で見つめるならば、不思議なほど、我々の中から、目の前の危機と逆境を超える叡智と力が湧いてくる。

では、なぜ、叡智と力が湧いてくるのか。

その危機や逆境に「正対」できるからである。

実は、我々が、人生で与えられた危機や逆境を超えられないのは、その危機や逆境が「大きい」からではない。その危機や逆境に「正対」できないからである。

では、それは、なぜか。

それは、第九話での筆者の「大病の体験」でも述べたが、我々は、人生において危機や逆境が与えられると、

「なぜ、こんなことになってしまったのか」

「あのとき、こうしておけば良かった」

と、過去を悔いることに時間とエネルギーを使うか、

「ああ、これからどうなってしまうのか」
「もし、こうなったらどうしよう」

と未来を憂うることに時間とエネルギーを使ってしまうからである。

そして、いま目の前にある危機や逆境に、正面から向き合う時間とエネルギーを、失ってしまうからである。

しかし、本来、危機と逆境において我々が為すべきことは、ネガティブな想念で「過去」を悔いたり、「未来」を憂うることではない。為すべきは、究極のポジティブな想念、すなわち「与えられた危機と逆境には深い意味がある」という「絶対肯定の想念」で、「いま」に向き合うことである。

もし、それができたならば、不思議なほど、我々の中から叡智と力が湧き上がってくる。

それは、三八年前の「生死の体験」を含め、筆者が七〇年の人生の中で、多くの体験を通じて学んできたことでもある。

ただし、危機と逆境において、叡智と力が湧き上がってくるためには、一つ、大切なことがある。

それは、「信を定める」ことである。

では、「信を定める」とは、いかなることか。

第一二話

歴史を変えたリーダーの誰もが、無条件に信じていたもの

「信を定める」とは、そもそも、「無条件」の行為。
「無条件に、それを信ずる」ということである。

例えば、「人生は『大いなる何か』に導かれている」と述べると、あなたは、

「その『大いなる何か』などというものは、本当に存在するのか？」
「その『大いなる何か』というものの存在は、科学的に証明されているのか？」

といった疑問を持たれるかもしれない。

しかし、科学が証明するものは「信」ではない。それは、単なる「科学的常識」にすぎない。それゆえ、我々は、「私はニュートンの法則を信じる」とは言わない。

「信」とは、
科学がそれを証明しなくとも、
誰もそれを証明しなくとも、
自分自身が、良き人生を生きるために、
その存在を信じるということ。
人生を賭して、それを信じるということ。
その無条件の覚悟を「信」と呼ぶ。

それゆえ、「信念」も「信頼」も、「信仰」も「信心」も、すべて、その無条件の覚悟の言葉に他ならない。

そして、もし我々が、この「信」を心に深く抱くならば、不思議なほど「運気」を引き寄せる。なぜなら、我々が、無条件の覚悟としての「信」を定めるとき、心の中から「迷い」や「不安」が消えていくからである。心の奥深くの「ネガティブな想念」が消えていくからである。

それは、そのまま「絶対肯定の想念」。

それが、「運気」を引き寄せるのは、当然であろう。

昔から、「断じて行えば、鬼神も之《これ》を避く」という言葉があるが、心の中に「迷いが無い」とき、その行いは「良い運気」を引き寄せ、「悪い運気」を遠ざけるのである。

そして、我々経営者やリーダーが「自分の人生は『大いなる何か』に導かれている」と信ずるべき理由は、もう一つある。

経営者やリーダーたるもの、

この「導かれている」という「信」を持たなければ、危ういからである。

なぜなら、経営者やリーダーは、「指導者」と呼ばれる存在。

経営者は、社員を導く立場であり、
リーダーは、メンバーを導く立場の人間である。
そうした「人を導く」という立場にある人間が、
自分自身は誰からも「導かれる」ことが無いという意識は、危うい。

そこには、必ず、密《ひそ》やかな傲慢《ごうまん》さが忍び込む。
そのとき、必ず、経営者やリーダーは、謙虚さを失っていく。
多くの人々を導く立場だからこそ、
社員やメンバーのかけがえの無い人生を導く立場だからこそ、
「自分自身が『大いなる何か』に導かれている」という謙虚さを持たなければ、
その経営者やリーダーは、危うい。

それゆえ、経営者やリーダーは、
「自分の人生は『大いなる何か』に導かれている」との「信」を定める必要がある。

ちなみに、この「自分の人生は『大いなる何か』に導かれている」との「信」については、歴史的研究の結果も、興味深い事実を述べている。

イタリア在住の文筆家、塩野七生氏は『ローマ人の物語』などの代表作を始めとして、特にヨーロッパ史における色々な英雄の生涯を調査・研究し、優れた著作にされているが、この塩野氏は、アレキサンダー大王やジュリアス・シーザーなど、歴史を大きく変えた人物の人生には、一つの共通点があると述べている。

それは、こうした英雄は、誰もが「自分は神に導かれている」「自分は神に護《まも》られている」と深く信じていたということである。

もとより、これは西洋の人物であるため、「神」という言葉になるが、東洋の人物の言葉で言えば「自分は天に導かれている」「自分は天に護られている」と信じていたということであろう。

すなわち、**洋の東西を問わず、その人生の絶頂期に、運気を引き寄せ、歴史を変えるほどの仕事を成し遂げた人物は、誰もが、「自分は『大いなる何か』に導かれている」「自分は『大いなる何か』に護られている」**と信じていたのである。

このこともまた、経営者やリーダーにとって、

第三の心得　人生は「大いなる何か」に導かれているとの「信」を定める

ということが、「絶対肯定の想念」を持ち、運気を引き寄せるために極めて重要な心得であることを教えてくれる。

しかし、そのことを述べたうえで、ここで敢えて、あなたの先ほどの疑問、

「その『大いなる何か』などというものは、本当に存在するのか？」
「その『大いなる何か』というものの存在は、科学的に証明されているのか？」

という問いに向き合い、これから、さらに深い思索に向かっていこう。

第一三話

最先端の量子科学が解き明かす「大いなる何か」の神秘

いま、第一二話で、「人生は『大いなる何か』に導かれているとの『信』を定める」ことの大切さを述べた。そして、「信を定める」とは無条件のことであるとも述べた。たとえ科学がその存在を証明しなくとも、自分の人生が「大いなる何か」に導かれていることを、無条件に信じることの大切さを述べた。

しかし、こう述べると、あなたの中に、先ほどの疑問に加え、次のような疑問が生まれるかもしれない。

「では、『大いなる何か』に導かれるということには、まったく科学的な根拠は無いのか？」

もし、あなたが、その疑問を抱かれるのであれば、敢えて、申し上げよう。

実は、「大いなる何か」に導かれるということについては、いま、一つの「科学的仮説」が提唱されている。

そこで、この第一三話と次の第一四話では、その「科学的仮説」について、紙数の許す範囲で、説明をしておこう。

では、まず最初に、**そもそも「大いなる何か」に導かれるということは、どのような意味か、**そのことを考えてみよう。

もとより、この言葉には、我々の想像を超えた深い意味があるが、一般に、日常の仕事や生活において「大いなる何か」に導かれたと感じるのは、次のような場面であろう。

神社仏閣で願い事をすると、その願い事が成就《じょうじゅ》する出来事や出会いが与えられた。

「成就」の体験

人生の進路や重要な選択について占いをしてもらうと、その占いの結果が当たった。

「占い」の体験

ふと何かを感じて、予定していた行動を変えると、事故や災難を避けることができた。

「予感」の体験

人生の進路の選択において、未来の情景が心に浮かび、正しい進路を選択できた。

「予知」の体験

人生の重要な決断において、理屈抜きの不思議な勘が閃き、正しい決断ができた。

「直観」の体験

人間関係において、言葉を交わさなくとも、また、距離が離れていても、相手の気持ちが伝わってきて、適切な対処ができた。

「以心伝心」の体験

何かを求めていると、丁度良いタイミングで、その何かに関連する情報や直観、出来事や出会いが与えられるという、不思議な偶然が生じた。

「共時性」（シンクロニシティ）の体験

身の回りで起こった様々な出来事が、全体として、何かのメッセージを伝えているように感じ、それに従うと良い結果になった。

「布置」（コンステレーション）の体験

これ以外にも、色々な体験があるが、一般に、我々が「大いなる何か」に導かれたと感じるのは、こうした体験を通じてであろう。

そして、人類数千年の歴史を振り返って、洋の東西を問わず、無数の人々が「神」「仏」

「天」と呼ばれるような「大いなる何か」の存在を否定できないと感じ、その存在を信じたのは、誰もが、何かの劇的な「神秘的体験」や「奇跡的体験」を与えられたからではなく、多くの人々が、その人生において、こうした「不思議な体験」を様々な形で与えられたからであろう。

実際、あなたも、人生を振り返るならば、こうした「不思議な体験」を、いくつも持っているのではないだろうか。それゆえ、「大いなる何か」の存在について、否定し切れない思いを持っているのではないだろうか。

実は、筆者も、こうした「不思議な体験」を数多く持っている。いや、こうした「不思議な体験」を数多く与えられたと言うべきか。

しかし、すでに述べたように、筆者は、大学の工学部で永く研究者の道を歩んできた人間であり、科学者としての訓練を受け、唯物論的な世界観を持ってきた人間である。

そのため、こうした「神」「仏」「天」といった「大いなる何か」と呼ばれる存在や、「大いなる何かに導かれた」「大いなる何かに護られた」といった現象については、非科学的、神秘主義的な怪しさを感じ、疑問を抱いてきた。

だが、その一方で、筆者は、その七〇年の人生において、先ほど述べた

「成就」「占い」

「予感」「予知」

「直観」「以心伝心」

「共時性」「布置」

と呼ばれる体験を、「単なる偶然」や「ただの錯覚」では説明できないほど、数多く与えられてきた。それらの体験については他の著書で詳しく述べているが、

「人生の進路についての『占い』が、恐ろしいほどに当たったこと」

「ふとした『予感』から、凄《すさ》まじい自動車事故を避けられたこと」

「将来、住むことになる家を、無意識が『予知』して写真に撮っていたこと」

「新事業開発において、理屈抜きの『直観』で、トラブルを避けたこと」

など、数えきれないほどの体験がある。また、「以心伝心」や「共時性」については、ほとんど日常的に体験している。それは、例えば、次のような体験である。

「朝起きると、ふと『最近、〇〇さんは、どうしているだろうか』との思いが浮かび、するとと、その日、その〇〇さんから、久しぶりのメールが届く、といった体験」

「誰かとの会話中に、たまたま、〇〇氏のことが話題になるが、そのとき携帯が鳴り、出てみると、〇〇氏からの電話であった、といった体験」

「何気なく、ふと時計を見ると、いつも、不思議なほどの高い確率で、デジタル時計の時刻が、自分の誕生日の数字になっている、といった体験」

など、「以心伝心」とも「共時性」とも呼べる体験も、数えきれないほどある。

しかし、繰り返しになるが、原子力工学の研究者としての道を歩んできた人間としては、こうした体験を、すぐに「神秘的体験」として論じたり、「大いなる何か」といった言葉で論じたりすることには、大きな抵抗があった。

しかし、ときおり、親しい友人や知人に、こうした体験の話をすると、その友人や知人も同様の体験を持っているという話を聞かされることも、決して珍しくない。

では、**なぜ、筆者だけでなく、我々の多くは、従来の科学では説明できない、そうした「不思議な体験」を持つのか。**

筆者は、永年、その疑問を抱いて歩んできたが、その疑問への答えを模索する歩みの中で、二〇年余り前、一つの科学的仮説にたどり着いた。

それは、現代科学の最先端、**量子物理学**（Quantum Physics）の世界で論じられている、一つの興味深い「仮説」である。

では、それは、いかなる仮説か。

第一四話

「大いなる何か」の正体は、
量子真空の「ゼロ・ポイント・フィールド」

それは、**「ゼロ・ポイント・フィールド仮説」**と呼ばれるものである。

この仮説を知ったとき、筆者は、原子力工学の専門家として、それが決して怪しげな非科学的な理論ではなく、まっとうな科学的議論に値する仮説であることを感じた。

そして、もし、この仮説が正しければ、人類数千年の歴史の中で、多くの宗教家によって語られ、無数の人々によって信じられてきた「神」「仏」「天」といった「大いなる何か」の正体もまた、明らかにされるのではないかとの予感を抱いた。

もとより、このテーマは、本書の『運気を引き寄せるリーダー』という主題からは、大きく広がってしまうテーマではあるが、拙著『運気を磨く』においても触れ、極めて多くの読者の興味を惹いたテーマでもあり、また、「運気」について語った他の類書では触れられていないテーマでもあるので、本書では、敢えて誤解を恐れず、この仮説を紹介しておこう。

では、この「ゼロ・ポイント・フィールド仮説」とは、いかなる仮説か。

この仮説については、『運気を磨く』において詳しく述べたが、ここでは、その要点に絞って語っておこう。

「ゼロ・ポイント・フィールド仮説」とは、一言で言えば、**この宇宙に普遍的に存在する「量子真空」の中に「ゼロ・ポイント・フィールド」と呼ばれる場があり、この場に、この宇宙のすべての出来事の情報が記録されているという仮説**である。

こう述べても、あなたは、にわかには信じがたいであろう。

実は、筆者も、そうであった。

しかし、筆者の専門である量子物理学の観点から見ると、**この宇宙には「量子真空」（Quantum Vacuum）と呼ばれるものが普遍的に存在しており、その場（フィールド）が、「ゼロ・ポイント・エネルギー」（Zero Point Energy）で満たされている**ということは、現在、科学的事実として認められている。

では、なぜ、この「量子真空」の中の「ゼロ・ポイント・フィールド」に、この宇宙の出来事のすべての情報が記録されているのか。

それは、誰もが、最初に抱く疑問であろう。筆者も、最初にその疑問を抱いた。

特に、それが「デジタル情報」として記録されているなどという仮説であれば、筆者は、この仮説を一笑に付したであろう。まともに議論もしなかったであろう。

しかし、この仮説は、**この宇宙の出来事のすべての情報が、「ゼロ・ポイント・フィールド」の中に、「波動情報」として記録されている**という仮説である。

しかも、それは、**「波動干渉」を利用した「ホログラム的な構造」**で記録されているというのである。

そのことを知ったとき、筆者は、一人の原子力工学者として、この仮説が決して一笑に付することのできないものであることを感じた。

なぜなら、**量子物理学的に見るならば、我々が「硬い物質」と思っているものも、「目に見えない精神」と思っているものも、その本質は、すべて波動エネルギー**だからである。

例えば、ガラスを鉄の棒で叩いて、それが硬い物質に感じるのは、鉄の原子という波動エネルギーの塊が、ガラスを構成するシリカの原子や酸素の原子の波動エネルギーの塊と反発するからである。また、我々の意識や精神というものが、脳内のニューロンの電気信号であるならば、それもまた、波動エネルギーに他ならない。

すなわち、この宇宙の出来事とは、それが銀河系宇宙の生成であろうが、地球という惑星の誕生であろうが、ローマ帝国の興亡であろうが、あなたの今朝の食事であろうが、その食事を美味《うま》いと思ったことであろうが、その本質は、量子物理学的に見るならば、すべて波動エネルギーなのである。

従って、もし、量子真空の中のゼロ・ポイント・フィールドが、この宇宙に生まれたすべての波動を「波動情報」として記録しているのであれば、この宇宙のすべての出来事を記録しているという仮説は、決して荒唐無稽な理論ではない。

しかも、その記録の方法が、「ホログラム的構造」で記録するのであるならば、その記憶容量は、事実上、無限大である。なぜなら、よく知られているように、現代の最先端技術で様々に活用されているホログラムは、波動干渉を利用した記録方法であり、角砂糖一個程度の媒体に、国会図書館の蔵書全ての情報が記録できるような記録方法だからである。

そして、この量子真空の中のゼロ・ポイント・フィールドに、この宇宙のすべての出来事が波動情報として記録されるということには、もう一つの説得力がある。

それは、**量子的な場（Quantum Field）においては、「エネルギーの減衰」が起こらな**いからである。

すなわち、このゼロ・ポイント・フィールドに波動として記録された情報は、決してエネルギーの減衰にともなって消えてしまわないのである。言葉を換えれば、どれほどの時間が経過しても、消えてしまわないのである。

しかし、こう述べても、あなたは、まだ、理解しにくいと感じているかもしれない。

そこで、さらに誤解を恐れず、分かりやすい譬《たと》えをしてみよう。

昔から、アマチュア無線を楽しむ人々がいるが、これは、法律的な認可を受けたうえで、個人で無線局を開設し、ある周波数帯で、電磁波による波動情報を発信、受信し、それによって、自由に様々な音声メッセージを送り、また、様々な音声メッセージを受け取ることができるものである。

例えば、米国のSF映画『コンタクト』では、女優のジョディ・フォスターが演じる主人公が、このアマチュア無線を使って、世界中の人々と通話を楽しむ場面が出てくるが、このアマチュア無線では、電波さえ届けば、地球の反対側から送られてくるメッセージを受信することも、地球の反対側にメッセージを送信することもできる。

しかし、当然のことながら、この無線に使われるのは電磁波であるため、距離が遠ければ、その波動エネルギーは減衰し、時間が経《た》てば、その波動エネルギーは消失してしまう。だが、もし、仮に、この電磁波の波動エネルギーが、決して減衰することが無ければ、何が起こるだろうか。

我々の目の前にある空間の中を、無数の波動エネルギーが飛び交い続けることになる。

それは、すなわち、現在、通信している自分のメッセージと相手のメッセージだけでなく、一〇年前に発信された自分のメッセージも、五〇年前に地球の裏側から発信された誰かのメッセージも、さらには、これまで、地球上で電波として発信されたすべてのテレビ、ラジオの情報も、そのすべてが、「波動エネルギー」、つまり「波動情報」として飛び交い続けることを意味している。

そして、もし我々が、それらの波動情報に、周波数を合わせることができれば、瞬時に、過去から現在に至るまで発信されたすべての波動情報を受信できることを意味している。

しかし、現実には、アマチュア無線やテレビ、ラジオの情報は、電磁波によって送られているため、距離や時間によって減衰し、こうしたことは決して起こらない。

だが、量子真空の「ゼロ・ポイント・フィールド」が記録する情報は、量子的波動であるため、減衰が起こらない。それゆえ、そこに記録される情報は、この宇宙の過去から現在までの出来事のすべての情報であり、ある意味で「無限の情報」と言っても良い。

そして、**「過去」から「現在」までのすべての出来事の波動情報が分かるということは、**

実は、その先に展開していく「未来」の出来事も、ある種の波動情報として予見できるということでもある。

それは、なぜか。

分かりやすい譬えを挙げよう。

いま、静かな水面の池に、石を三つ投げ込んだとする。

すると、当然のことながら、その三つの石は、それぞれ、池の水面に波を起こし、三つの波の輪を作り出すだろう。そして、この波の輪は、時間とともにどんどん広がっていくが、現在の瞬間の三つの波の輪の状態が分かれば、それらが、この後、どのように広がっていき、三つの波が、どのように互いに影響を与え合うか、言葉を換えれば、どのように「干渉波」を生み出していくかは、ある程度、予測できる。さらには、これらの三つの波の輪が、池の岸辺に当たり、反射することによって、どのような波を生み出していくかも、ある程度、予測できる。

同様に、一つの水面を様々な波が行き交うとき、それらの波が、互いに、どう影響を与え合い、干渉し合い、それぞれ、どのように変化していくかを、予測することもできる。

すなわち、このように、「過去」と「現在」の瞬間の波の状態（波動情報）が分かれば、「未来」の波の状態（波動情報）も、ある程度、予測できるのであり、従って、ここで述べる「無限の情報」とは、「過去」と「現在」だけでなく、実は、「未来」の情報も含まれているのである。

ただし、ここで「ある程度、予測できる」と述べるのは、「ゼロ・ポイント・フィールド」に記録される波動は、「量子的波動」であるため、量子物理学の基本法則である「ハイゼンベルクの不確定性原理」（Uncertainty Principle）に支配され、その状態は、決定論的ではなく、確率論的にしか決まらないからである。すなわち、**それらの波の状態は一つに決まっているわけではなく、「様々な可能性」として存在しており、それを現実に「観測」するとき、初めて、一つの状態が「確定」する**からである。

少し専門的な説明になり、分かりにくくなったかと思うが、このことを分かりやすく言えば、もし、我々の脳や心が、この「ゼロ・ポイント・フィールド」に繋がることができるならば、「未来」を「予感」したり、「予知」したりすることは、ある程度、できるのである。しかし、それは、あくまでも「**起こりそうな未来**」（**Possible Future**）であるため、その「予感」や「予知」が現実化しないということは起こる。

それが、「電車の事故に遭って大怪我をする夢を見て、その電車に乗ることを止めたら、その事故は起こったが、被害を避けることができた」といったことが起こる理由である。

では、なぜ、我々の脳や心が、この「ゼロ・ポイント・フィールド」に繋《つな》がることができるのか。そして、その「無限の情報」に繋がることができるのか。

その理由を、スティーヴン・ホーキングと共に「ブラックホールの特異点定理」を証明した英国の理論物理学者であり、二〇二〇年のノーベル物理学賞を受賞した科学者である、ロジャー・ペンローズが示唆している。

すなわち、ペンローズは、その「**量子脳理論**」（**Quantum Brain Theory**）において、我々の**脳や心の中で起こっている情報プロセスが、量子的プロセスである**との仮説を提唱しているが、もし、そうであるならば、我々の脳や心が、この「ゼロ・ポイント・フィールド」に量子的に繋がるということも、科学的に見れば、決して荒唐無稽な仮説ではないのである。

第一五話

我々の人生を導いているのは、実は、我々の心の奥深くの「真我」

さて、以上が、現代科学の最先端、量子物理学の世界で論じられている「ゼロ・ポイント・フィールド仮説」であるが、もとより、この理論は、現時点では、あくまでも「仮説」である。

しかし、もし、この「ゼロ・ポイント・フィールド仮説」が正しいとすれば、第一三話で述べた、

「成就」「占い」
「予感」「予知」
「直観」「以心伝心」

「共時性」「布置」

などの「**不思議な体験」が、なぜ生まれるのか、**その説明が可能になるだろう。

そして、さらに、もし、この「ゼロ・ポイント・フィールド仮説」が正しいとすれば、人類数千年の歴史の中で、多くの人々が、神、仏、天という言葉によって信じてきた「**大いなる何か」の実体が何であるか、**その神秘が解明されるだろう。

すなわち、その「大いなる何か」とは、実は、宇宙の歴史始まって以来の「すべての出来事」が記録され、人類の歴史始まって以来の「すべての叡智」が記録されている、この「ゼロ・ポイント・フィールド」であると考えられる。

そして、我々の多くが体験する「成就」や「占い」、「予感」や「予知」、「直観」や「以心伝心」、「共時性」や「布置」などの「不思議な体験」は、我々の脳や心が、この「ゼロ・ポイント・フィールド」と繋がることによって、必要な情報や叡智を引き寄せることによって起こり、また、この「ゼロ・ポイント・フィールド」を介して、互いの脳や心が結びつくことによって起こる体験であると考えられる。

ただし、ここで誤解してはならないことがある。

それは、我々の脳や心が、この「ゼロ・ポイント・フィールド」に繋がると言っても、**我々の表面意識の世界が、直接、このフィールドに繋がるわけではない**ということである。

では、我々の、どのような心の世界が、このフィールドに繋がることができるのか。

そのことを知るためには、現代心理学の最前線にあるトランスパーソナル心理学（超個心理学）などの知見を踏まえ、**我々の心の世界が「階層構造」になっている**ことを理解する必要がある。

もとより、「心」という、極めて複雑な、そして、精妙極まりない世界を、簡単に構造化して語ることは、様々な誤解も生まれるが、ここでは、本書のメッセージの理解を容易にするために、できるだけ分かりやすく述べておこう。


我々の心の世界には、大きく「**五つの階層**」がある。

第一の階層は、「表面意識」の世界である。

これは、我々が、日常生活を送り、日々の仕事に取り組むときに最も活性化している心の世界であるが、この世界では、我々の**「自我」（エゴ）**が中心になって動くため、しばしば、不満や怒り、不安や恐れ、嫌悪や憎しみ、怨恨や妬《ねた》みなどの「ネガティブな想念」が生まれ、渦巻く世界でもある。

そして、この表面意識の世界の「ネガティブな想念」は、心の中の「雑音」となって、我々がフィールドに繋がることを大きく妨げる。それが、古今東西の「運気論」において、「ネガティブな想念を持たない」ことの大切さが語られる一つの理由である。

第二の階層は、「静寂意識」の世界である。

これは、我々が、日常の仕事や生活から離れ、「静寂」を保っているときの心の世界である。この世界では、我々の「自我」（エゴ）の活動は、比較的、静まっており、不満や怒り、不安や恐れ、嫌悪や憎しみ、怨恨や妬みなどの「ネガティブな想念」も、静まっている。

そのため、この「静寂意識」の世界は、しばしば、フィールドに繋がる。それが、昔から、宗教的な人々や精神性を大切にする人々が、**「祈《き》祷《とう》」や「瞑想」などの習慣**を持つ理由でもある。

そして、適切な「心の技法」を実行するならば、この「静寂意識」の世界では、心の中に「ネガティブな想念」を生み出す「自我」（エゴ）の動きを、否定も肯定もせず、ただ静かに見つめる「もう一人の自分」が現れてくる。これを、筆者は、**「賢明なもう一人の自分」**、もしくは、**「賢我」**と呼んでいる。

第三の階層は、「無意識」の世界である。

これは、「表面意識」や「静寂意識」の奥にある、我々自身が気づいていない意識の世界であるが、この世界に「ネガティブな想念」があると、フィールドを通じて、「ネガティブな出来事」や「ネガティブな出会い」を引き寄せ、結果として「悪い運気」を引き寄せてしまう。逆に、この世界に「ポジティブな想念」があると、フィールドを通じて、「ポジティブな出来事」や「ポジティブな出会い」を引き寄せ、結果として「良い運気」

を引き寄せることができる。

それが、古今東西の「運気論」において共通に語られる「**引き寄せの法則**」（**Law of Attraction**）であり、この「無意識」の世界では、しばしば、「直観」や「共時性」「布置」など、この「引き寄せの現象」が起こる。

また、それゆえ、本書の第二五話においては、この「無意識」の世界の「ネガティブな想念」を「ポジティブな想念」へと陽転し、この世界を「**浄化**」（Clean Up）**する技法**を述べている。

そして、この「浄化」を通じて、無意識の世界でも、ネガティブな想念を生み出す「自我」の動きが静まったとき、いわゆる「**無我**」と呼ばれる状態が現れてくる。

第四の階層は、「超個的無意識」の世界である。

この「無意識」の世界のさらに奥深くに、我々の「無意識」が互いに繋がった世界がある。それをユング心理学では「**集合的無意識**」（Collective Unconscious）と呼び、トランスパーソナル心理学では「**超個的無意識**」（Transpersonal Unconscious）と呼んでいる。

従って、この「超個的無意識」の世界では、「直観」や「以心伝心」「共時性」など、我々の心が繋がったかに思える「超個的な現象」が起こる。

そして、この心の世界においては、一人一人の「自我」や「賢我」を超え、「無我」をも超えた「**超我**」と呼ぶべき自己が現れてくる。


第五の階層は、「超時空的無意識」の世界である。


これは、我々の「無意識」がフィールドを通じて互いに繋がった「超個的無意識」の状態をさらに超え、我々の「無意識」がフィールドと深く結びついた心の世界である。

ここで「超時空的」と称するのは、第一四話で述べたように、ゼロ・ポイント・フィールドに記録されるのは、「過去」と「現在」の情報だけでなく、ある意味で、「未来」に関する情報も記録されるため、我々の「無意識」は、「個人」を超え、「空間」を超えた情報だけでなく、「時間」をも超えた情報、すなわち、「未来」に関する情報をも感得するからである。

それゆえ、我々の「無意識」がフィールドと深く結びつき、この「超時空的無意識」の状態になると、いわゆる「予感」や「予知」「占い」といった「未来を知る」現象が起こるのである。

そして、この「超時空的無意識」の世界では、我々の中から、「自我」や「賢我」を超え、「無我」や「超我」も超え、昔から東洋思想で語られる「**真我**」と呼ばれるものが現れてくる。

さて、少し難しい話になったが、できるだけ分かりやすく説明させて頂いた。

おそらく、この話の要点は、理解して頂けたのではないだろうか。

すなわち、もし、この「ゼロ・ポイント・フィールド仮説」が正しいとするならば、**人類数千年の歴史の中で、多くの人々が、神、仏、天という言葉によって信じてきた「大いなる何か」とは、実は、この「ゼロ・ポイント・フィールド」に他ならない。**

そして、昔から多くの人々が体験してきた「不思議な現象」、すなわち「成就」や「占い」、「予感」や「予知」、「直観」や「以心伝心」、「共時性」や「布置」といった現象は、我々の心が「ゼロ・ポイント・フィールド」に繋がることによって起こる現象に他ならず、それを、我々は、「大いなる何かの導き」や「大いなる何かの声」と感じてきたのであろう。

さらに、もし、昔から神、仏、天と呼ばれてきた「大いなる何か」の実体が「ゼロ・ポイント・フィールド」であり、このフィールドと深く結びついたものが、我々の「無意識」のさらに奥深くにある「真我」と呼ばれる存在であるならば、**実は、この「大いなる何か」とは、この「真我」に他ならない。**

つまり、人類数千年の歴史の中で、多くの人々が、神、仏、天と呼んできた「大いなる何か」とは、究極、我々の心の奥深くに存在する「真我」、すなわち「我々自身」に他ならないのである。

されば、我々の人生を導いているのは、
実は、我々自身なのである。

そして、そのことに気がつくならば、我々の人生において、いかなる逆境に見えることが起こっても、それは、実は、「真我」と呼ばれる我々自身が、自らの心の成長のため、魂の成長のために引き寄せたものであり、我々自身が、良き人生を送るために引き寄せたものであることを理解するだろう。

そして、そのことを理解するとき、次の二つの言葉が真実であることに気がつくだろう。

「人生で起こること、すべて、深い意味がある」

「人生で巡り会う人、すべて、深い縁がある」

そして、さらに、次の言葉さえ、深い真実であることに、気がつくだろう。

「人生において、悪しきこと、一つも無し」

「人生で起こること、すべて、良きこと」

第一六話

どうすれば、メンバーやチームに「強運」を呼び込めるのか

さて、話題が、極めて深遠な領域へと広がったが、このように述べてくると、この第三の心得の深い意味を、十分に理解して頂けたのではないだろうか。

第三の心得　人生は「大いなる何か」に導かれているとの「信」を定める

そして、この第三の心得を理解されたならば、我々が「究極のポジティブな想念」、すなわち「絶対肯定の想念」を身につけ、「良い運気」を引き寄せるための「三つの方法」について、理解して頂けたのではないだろうか。

もう一度述べるならば、それは、次の三つの方法である。

第一　「無邪気な人格」を自分の中に育て、それを活用する
第二　「人生の三つの真実」を直視し、「死生観」を定める
第三　「大いなる何か」に導かれているとの「信」を定める

もし、我々が、この三つの方法を実行するならば、自然に、我々の心は、無意識の世界も含め、「絶対肯定の想念」に満たされていく。そして、その結果、「引き寄せ」の法則によって、我々は、身の回りに良き出来事や出会いを引き寄せ、必要な知識や智恵を引き寄せ、自然に「良い運気」を引き寄せていくだろう。

では、次に、経営者やリーダーは、**どうすれば、自らが運気を引き寄せるだけでなく、自らが率いる社員やメンバーの運気を高めることができるのか。**

そのために、経営者やリーダーは、何をするべきか。

その問いへの答えを聞かれると、あなたは、拍子抜けされるかもしれない。

実は、何もしなくとも良い。

経営者やリーダーが、「絶対肯定の想念」で心を満たし、自らが「良い運気」を引き寄せる状態になっているならば、社員やメンバーの運気を高めるために、実は、何もしなくとも良いのである。

それは、なぜか。それが、第四の心得である。

第四の心得　リーダーの無意識はメンバーの無意識に伝わることを覚悟する

すなわち、後に述べる二つの理由で、経営者やリーダーの持つ無意識は、恐ろしいほどに、社員やメンバーの無意識に伝わるのである。

そのため、経営者やリーダーの心が、無意識の世界も含めて「ポジティブな想念」で満たされているならば、その無意識は社員やメンバーの無意識にも伝わり、社員やメンバーの心も、自然に「ポジティブな想念」で満たされていく。そして、その結果、社員やメンバーも、「良い運気」を引き寄せるようになるのである。

しかし、当然のことながら、その逆も真実。

もし、経営者やリーダーが、どれほど表面意識でポジティブな言葉を語っても、その無意識の世界が「ネガティブな想念」で満たされているならば、社員やメンバーの無意識も、やはり「ネガティブな想念」で満たされることになり、結果として、社員やメンバーも、「悪い運気」を引き寄せるようになってしまうのである。

このことは、昔から、多くの経営者やリーダーが体験的に述べていることでもある。

例えば、昔からリーダーシップの心得として、「リーダーは、明るくなければならない」と言われてきたが、実際、暗い雰囲気のリーダーで成功した人物は見かけない。

そもそも、**ある人物が醸し出す「雰囲気」とは、その人物の「無意識」の世界が表に現れたものである**が、その意味で、リーダーが暗い雰囲気（無意識）を持っていると、その雰囲気（無意識）がメンバーにも伝わり、リーダーだけでなく、メンバーの運気も遠ざけてしまうのである。その結果、当然のことながら、チーム全体の運気も下がってしまうため、そのチームを率いるリーダーとして成功を収めることはできないのである。

それが、昔から「暗い雰囲気のリーダーは成功できない」と言われる理由である。

では、なぜ、リーダーの無意識は、メンバーの無意識に伝わってしまうのか。

その理由を、次に語ろう。

第一七話

「強運」のリーダーは、「言葉以外」でメンバーに語りかける

リーダーの無意識がメンバーの無意識に伝わってしまう理由は、二つある。

第一は、「コミュニケーション学的」な理由である。

我々は、一般に、コミュニケーションとは、言葉を使って相手にメッセージを伝えるものだと思っているが、実は、こうした「言語的コミュニケーション」よりも、言葉以外によって相手にメッセージを伝えてしまう「非言語的コミュニケーション」の方が、我々が思っている以上に支配的なのである。

ここで、「**非言語的コミュニケーション**」とは、表情、面構《つらがま》え、眼差《まなざ》し、目の動き、仕

草、身振り、態度、姿勢、行動などによって伝わるメッセージのことである。

そして、コミュニケーション学の世界では、**「言語的コミュニケーション」で伝わるメッセージは、二割、「非言語的コミュニケーション」で伝わるメッセージは、八割、**とも言われている。さらに、学説によっては、「非言語的コミュニケーション」が九割以上、との説もある。

そして、我々の無意識は、この「非言語的コミュニケーション」によって強く伝わってしまうため、リーダーの無意識は、表情、面構え、眼差し、目の動き、仕草、身振り、態度、姿勢、などを通じて、恐ろしいほどに、メンバーの無意識に伝わってしまうのである。

さらに言えば、我々の表面意識が発する「言葉のメッセージ」と、無意識が発する「言葉以外のメッセージ」が違ってしまうという状況も、しばしば起こる。

このことを、文化人類学者のグレゴリー・ベイトソンは「**ダブルバインド状況**」（**二重拘束状況**）という言葉で表している。

例えば、本心では子供を愛していない母親が、子供に対して、言葉で「お前は良い子だね」と言ったとしても、この母親の目から伝わってくるメッセージが冷たいものである場合、子供は、この「言語的メッセージ」と「非言語的メッセージ」の板挟みになって苦しむという状況である。

この「言葉のメッセージ」と「言葉以外のメッセージ」の食い違いということは、身近な職場でも、しばしば起こっている。

例えば、職場で、リーダーが、どれほど強く「この目標は達成できる！」と言っても、もし、このリーダーの無意識が「できるだろうか…」と思っているならば、結果として、このリーダーの表情や面構え、眼差しや目の動き、仕草や身振り、態度や姿勢、さらには、声のトーンや抑揚を通じて、その「できるだろうか…」という無意識のネガティブな想念の方が伝わってしまうのである。

すなわち、経営者やリーダーが、心の中に「できない」「自信がない」「不安だ」というネガティブな想念を持っている場合、その想念を一生懸命に隠して、どれほど言葉で「できる」「自信がある」「大丈夫だ」と言ってみても、心の中のネガティブな想念は、「非言語的コミュニケーション」を通じて、社員やメンバーの無意識に、隠しようもなく伝わってしまうのである。

しかし、いま、「社員やメンバーの無意識に伝わってしまう」と述べたが、このことの意味を正確に述べておこう。

経営者やリーダーが、言葉で「できる」「自信がある」「大丈夫だ」と述べた場合、社員やメンバーは、表面意識では、それなりに「経営者やリーダーがそう言っているのだから、できるのだろう、自信があるのだろう、大丈夫だろう…」とポジティブに受け止めるのである。

だが、一方で、経営者やリーダーの無意識のネガティブな想念、「できない」「自信がない」「不安だ」という思いが、「言葉以外のメッセージ」を通じて、社員やメンバーの無意識に伝わっているため、まもなく、社員やメンバーの心の中に、「できない」「自信がない」「不安だ」といったネガティブな想念が「何となくの気分」や「漠然とした思い」として広がってしまうのである。

これが「無意識から無意識に伝わる」ということの正確な意味である。

では、リーダーの無意識がメンバーの無意識に伝わってしまう、第二の理由は何か。

第一八話

リーダーとメンバーは、「無意識の世界」で対話をしている

第二は、「深層心理学的」な理由である。

この理由については、すでに第一五話で述べた。

それは、**我々の無意識の世界は、ユング心理学で言う「集合的無意識」の世界や、トランスパーソナル心理学で言う「超個的無意識」の世界で繋がっているからである。**

もとより、ユングが提唱した「集合的無意識」の存在は、まだ、現代の科学で証明されているわけではないが、一九六〇年代末以降、このユング心理学を源流として、様々な宗教思想や東洋思想、さらには色々な瞑想技法や身心治癒技法を取り入れて発展し、トランスパーソナル心理学が生まれてきた。そして、この心理学が提唱しているのが「超個的無

意識」の存在である。

筆者は、第一四話において、なぜ、我々の無意識が繫がっているのか、なぜ、「集合的無意識」や「超個的無意識」と呼ばれるものが存在するのかを、現代の最先端科学によって存在が証明されている「量子真空」や「ゼロ・ポイント・フィールド」を理論的根拠として述べた。ただし、これは、現時点では、あくまでも「科学的仮説」であり、世の中では様々な賛否があるだろう。

しかし、実は、筆者にとって、この「集合的無意識」や「超個的無意識」は、理論的な問題を超え、体験的な現実である。すなわち、その存在を「理論的に信じている」というよりも、「体験的に信じざるを得ない」のである。

実際、あなたも、こうしたことを経験したことがあるのではないだろうか。

最近、職場でトラブルが続いている。田中君がこんなトラブルを起こした、鈴木君があんな問題を起こした、といった状況で、なぜ、これほど職場でトラブルや問題が起きるのかと、職場のリーダーとして悩むときがある。ところが、ある夜、一人で静かに内省していると、ふと気がつく。

「ああ、考えてみれば、自分の心の置きどころが、どこか間違っていた。
自分は、心の中で、どうして田中君はトラブルを起こすのか、
どうして鈴木君は問題を起こすのかと、部下を責める思いばかりが募っていた。
そのため、職場の誰よりも、リーダーである自分の心が、不調和になっていた」

そう気がつくことがある。
そして、このように気持ちを改めるときがある。

「ああ、そうだ。これは自分の心の置きどころが間違っていた。
まずは、田中君と鈴木君に感謝しよう。
たしかに、彼らは、まだ成長途上だ。
けれども、一生懸命に頑張って、この職場を支えてくれている。
まずは、その彼らに感謝しよう。
そして、明日は、この感謝の思いで、彼らに話をしよう。
職場のメンバーにも、話をしよう」

そのように気持ちを改め、翌日、職場に行くと、不思議なことに、職場の雰囲気が変わっているのである。リーダーとして、まだメンバーに何も語っていないのに、すでに田中君や鈴木君の表情が明るくなり、職場全体の雰囲気が、良い方向に変わっているのである。

あなたも、こうしたことを、経験したことがないだろうか。

また、こうしたこと以外にも、我々の人生においては、「人の心は繋がっているのか？」と感じざるを得ない出来事や、**「集合的無意識」や「超個的無意識」の存在を感じさせる出来事が**、しばしばある。それは、例えば、次のような出来事である。

ある日、ふと何年も会っていない友人のことを思い出す。

その夜、家に帰ると、その友人から葉書が届いている。

誰かと会話をしていて、ある人物の話題になる。

すると、携帯電話が鳴って、その人物から電話がかかってくる。

職場で仕事をしていると、ふと誰かの視線を感じる。
その方向を見ると、たしかに同僚が自分を見ている。

こうした出来事は、すでに述べたように、ユング心理学では「**シンクロニシティ**」（**共時性**）と呼ばれる出来事であり、「**不思議な偶然の一致**」とも呼ばれる出来事である。

もとより、こうした出来事を、すべて「単なる偶然」と考える人もいるが、筆者には、「単なる偶然」では説明できないほど、数多くのこうした「シンクロニシティ」の体験がある。また、筆者の知人にも、こうした「シンクロニシティ体験」を持つ人は多い。

そうしたことから、筆者は、この世の中には、たしかに「以心伝心」と呼ばれる現象が存在すると考えざるを得ないと思っており、従って、ユング心理学が提唱する「集合的無意識」や、トランスパーソナル心理学が提唱する「超個的無意識」のようなものは、存在すると考えている。

さて、以上の二つの理由、「コミュニケーション学的な理由」と「深層心理学的な理由」の二つの理由によって、リーダーの無意識はメンバーの無意識に伝わってしまう。

そのため、経営者やリーダーが、無意識の世界も含めてポジティブな想念で心を満たし、自らが運気を引き寄せる状態になっているならば、その無意識は、自然に社員やメンバーの無意識にも伝わり、彼らの心も、ポジティブな想念で満たされるようになるのである。

そして、その結果、社員やメンバーの運気も自然に高まっていく。

これが、第四の心得である。

第四の心得　リーダーの無意識はメンバーの無意識に伝わることを覚悟する

もし、経営者やリーダーが、この第四の心得を理解し、この覚悟を定めるならば、経営者やリーダーの社員やメンバーに対する処し方は、根本から変わっていくだろう。

では、これが、社員やメンバーの心をポジティブな想念で満たすための唯一の方法か。

いや、そうではない。実は、もう一つ大切な方法がある。

それは、何か。

第一九話

なぜ、「使命感」や「志」を語るリーダーは、強運なのか

それが、次の第五の心得である。

第五の心得　危機や逆境のときこそ、メンバーに「使命感」や「志」を語る

すなわち、危機や逆境のときこそ、経営者やリーダーは、社員やメンバーに対して、思いを込め、信念を込め、「使命感」や「志」を語るべきである。

ここで、「**使命感**」や「**志**」とは、

「**この仕事を通じて、世の中に光を届けよう。**

この仕事を通じて、社会に貢献しよう。

この仕事を通じて、良き社会を実現しよう」


という思いである。

そして、もし、経営者やリーダーが、この「使命感」や「志」を本気で語るならば、社員やメンバーの心は、必ずポジティブになっていく。

それは、当然であろう。「使命感」や「志」を持つということは、次の思いを心に抱くことだからである。

「自分の仕事には、大切な意味がある。
だから、その仕事を成し遂げようとする自分の人生にも、
素晴らしい意味がある。
そこに、どれほどの危機や逆境があっても、
自分の人生には、大切な意味がある。
素晴らしい意味がある」

すなわち、自らの仕事において「使命感」や「志」を持つということは、**「自分の人生は、いかなる危機や逆境のなかにあっても、世の中に光を届けるという素晴らしい目標に向かって歩んでいる」**と信じられるということである。そして、そのことを本当に信じるならば、その社員やメンバーの心は、必ず、ポジティブになる。

なぜなら、その思いは、すでに自分の人生を「全肯定」しているからである。

そして、自分の人生を「全肯定」している人間や人間集団は、必ず「良い運気」を引き寄せる、「運気」が高まっていく。「全肯定の想念」とは、「絶対肯定の想念」に他ならないからである。

さらに言うならば、「使命感」や「志」を持ち、第三の心得で述べた「自分の人生は『大いなる何か』に導かれている」との信を定めた人間は、いかなる危機や逆境が与えられても、こう考えることができる。

「自分には、『大いなる何か』が与えた大切な使命がある。
そして、『大いなる何か』は、
この危機と逆境を与えることによって、自分を育てようとしている。
自分を育てることによって、素晴らしい何かを成し遂げさせようとしている。
世の中に光を届け、社会に貢献し、良き社会を実現するための
素晴らしい仕事を、成し遂げさせようとしている」

このように、「使命感」と「志」を持った人間と人間集団は、危機と逆境においてさえ、こうした「絶対肯定の想念」を抱き、自らの人生を「全肯定」していく。

そうした人間と人間集団が、さらに強い運気を引き寄せることは、言うまでもない。

それゆえ、我々経営者やリーダーは、

第五の心得　危機や逆境のときこそ、メンバーに「使命感」や「志」を語る

を、心に刻まなければならない。

そして、**経営者やリーダーが、社員やメンバーに「使命感」や「志」を語るとき、その言葉は、見事な形で、経営者やリーダーにも戻ってくる。**

すなわち、社員やメンバーに、思いを込め、信念を込め、「使命感」や「志」を語ることは、経営者やリーダー自身も、心の中の「自分の人生は、いかなる危機や逆境のなかにあっても、世の中に光を届けるという素晴らしい目標に向かって歩んでいる」というポジティブな想念を強化していくことになり、それは、そのまま、経営者やリーダーの「運気を引き寄せる力」を強化していくからである。

だから、あなたも、一人の経営者として、一人のリーダーとして、この危機や逆境において、まず、思い起こして頂きたい。

あなたが、自身の仕事に込めた「使命感」や「志」を、思い起こして頂きたい。

この『運気を引き寄せるリーダー』というタイトルの本を手に取って読まれるあなたは、きっと、強い向上心と成長意欲をお持ちの方だろう。そして、ご自身の仕事にも、素晴らしい「使命感」や「志」を持って取り組まれている方だろう。

その「使命感」と「志」を、思いを込め、信念を込め、社員やメンバーに語って頂きたい。そのとき、いかなる危機や逆境においても、彼らの眼差しが輝き始めるだろう。

さて、ここまで語ってきた、二つの心得、

第四の心得　リーダーの無意識はメンバーの無意識に伝わることを覚悟する

第五の心得　危機や逆境のときこそ、メンバーに「使命感」や「志」を語る

は、経営者やリーダーが自らの運気を引き寄せるだけでなく、自らが率いる社員やメンバーの運気を高めるための大切な心得である。

しかし、危機や逆境において、もし、あなたが、さらに深い次元の二つの心得を掴むならば、あなたは、想像を超えた「強運」を引き寄せるだろう。

それが、これから述べる、第六の心得と第七の心得である。

第二〇話

「大いなる何か」は、「逆境」を通じて我々の人生を導く

では、第六の心得は何か。

第六の心得　「大いなる何か」の導きは、「一直線」ではないことを知る

すなわち、第三の心得で、「人生は『大いなる何か』に導かれているとの『信』を定める」という覚悟の大切さを述べたが、ここで**「大いなる何か」に導かれるとは、必ずしも、「幸運な出来事」や「幸運な出会い」が続くということではない。**また、自分の願いが叶《かな》い続けるということでもない。そのように「一直線」に望み通りの世界に導かれるわけではない。

むしろ、その逆であることを、覚悟するべきであろう。

なぜなら、**「大いなる何か」の導きとは、まず何よりも、「我々を成長させる」ための導き**だからである。

従って、人生における「大いなる何か」の導きは、しばしば、我々を成長させるための「危機」や「逆境」として与えられる。ときに、人生における苦労や困難、失敗や敗北、挫折や喪失、病気や事故などの形で与えられるのである。

実際、あなたの人生を振り返ってみて頂きたい。

こう思われたことが、いくつもあるのではないだろうか。

「あの職場では、人間関係で大変な苦労をしたが、お陰で、人間として成長できた」

「あの貧しい時代に生活の困難を味わったが、お陰で、人の情の有り難さを知った」

「あの仕事の失敗は辛《つら》かったが、お陰で、プロフェッショナルとして鍛えられた」

「あの競争に敗れたことは悔しかったが、お陰で、自分を見つめる良い機会になった」
「あのとき、夢が破れ、辛い挫折感を味わったが、お陰で、この職業に巡り会った」
「あのとき、肉親を失い、深い喪失感を味わったが、お陰で、感謝の心を知った」
「あのとき、あの病気で仕事を辞めることになったが、お陰で、進路を転換できた」
「あのとき、あの事故で家族に苦労をかけたが、お陰で、家族の心が一つになった」

このように、我々は、人生において、「人間関係での苦労」「生活での困難」「仕事での失敗」「競争での敗北」「夢の挫折」「肉親の喪失」「深刻な病気」「重大な事故」など、様々な逆境を与えられる。そして、そのときは、苦しい思い、辛い思い、悲しい思いで日々を過ごすが、それでも、それらの逆境に正対し、前向きに歩み続けるならば、何年かして振り返ったとき、「ああ、あの逆境のお陰で、学び、成長し、この道を歩めたのだ…」と思えることがある。すべての逆境を、「お陰で…」の思いで肯定し、振り返るときがある。

あなたにも、そうした体験があるのではないだろうか。

筆者もまた、そうした体験が、いくつもある。

その象徴的な体験が、第九話で述べたように、三八年前に、大病を患い、医者から「命は長くない」との宣告を受けた体験である。この病気の体験は、当時の筆者にとっては、まさに「地獄の日々」と呼ぶべき体験であったが、それから三八年の歳月を生かして頂いたいま、この出来事を振り返るならば、それは、明らかに「大いなる何か」の導きによって与えられた病気であり、そのお陰で、筆者は、一人の未熟な人間ながら、死生観を掴み、人間としての強さを身につけ、人生を見つめる眼差しを学ぶことができたのである。

また、筆者は、一九八一年に、大学院の博士課程を修了したが、当時の自分の希望は、当然のことながら、大学に残り、研究者の道を歩むことであった。しかし、残念ながら、大学にはポストが無く、また、関連する研究機関にもポストが無かった。そのため、深い挫折感のなか、民間企業に就職することになったのだが、いま振り返ると、それも、まさに「大いなる何か」の導きであった。この民間企業に就職し、ビジネスを学び、経営を学んだお陰で、自分の中の様々な才能に気がつくことができ、その才能を育てることによって、今日への道を拓くことができたのである。

もう一つの体験を述べるならば、筆者は、就職したこの企業で、幸いなことに社内留学生試験に合格し、周囲の勧めもあって、米国のビジネススクールに留学することを考えていた。しかし、その留学のための極めて重要な試験が近づいたとき、大切な取引先の役員から、海外出張に同行して欲しいとの依頼を受けたのである。だが、その海外出張の期間が、その試験日に重なっていることもあり、丁重に辞退をしたのだが、その役員から、再三、強い依頼を受けた。そうした状況において、なぜか、心の奥深くから、「これは何かの天の声だろうか…」との思いが湧き上がり、敢えて、試験を受けることを諦め、その海外出張に同行したのである。

しかし、その海外出張の最後の訪問地が、米国のシンクタンク、バテル記念研究所であり、そのときのご縁から、この研究所で、客員研究員として働くことになった。

そして、このことが、筆者のキャリアにおいて大きな転機となり、一九九〇年の日本総合研究所設立への参画となっていったのである。

いま振り返れば、ビジネススクールへの留学という希望は実現しなかったが、お陰で、世界最大の技術系シンクタンクで働く機会を得ることになり、さらには、米国の国立研究所で働く機会にも繋がり、それからの筆者の人生を、大きく拓いてくれることになったのである。

このように、**当初は、意に反する「不運に見える出来事」が、実は、有り難い出来事であり、「大いなる何か」の導きであったと気がつく**ことは、人生において、しばしばある。

あなたも、そうした体験を持っているのではないだろうか。

また、この「大いなる何か」の導きということは、「不運に見える出会い」についても、言える。

例えば、あなたは、どのような出会いを通じて、成長することができただろうか。

第二二話

人生の「幸運」は、「不運」の姿をしてやってくる

それは、決して、「幸運な出会い」だけではなかったはずだ。「不運に見える出会い」を通じても、あなたは、成長してきたのではないだろうか。

もとより、あなたが人生を振り返るとき、素晴らしい両親の元に生まれたこと、尊敬できる恩師と出会ったこと、優しい友人に恵まれたこと、愛情溢れる配偶者に巡り会ったことなどの「幸運な出会い」に恵まれ、人間として成長してくることができたならば、それは素晴らしいことであろう。

しかし、一方で、「相性の悪い人」「好きになれない人」「傷つけられる人」などとの出会いという「不運に見える出会い」を通じても、あなたは、成長してくることができたのではないだろうか。

なぜなら、**人間関係での苦労は、いかなる苦労の中でも、我々を最も大きく成長させてくれる苦労**だからである。

人間関係での苦労は、ときに、我々の心を歪《ゆが》め、荒げることもあるが、その苦労に正対することができるならば、我々は、その苦労を通じて、人間としての強さ、忍耐力、寛容さ、謙虚さ、優しさ、細やかさ、などを身につけることができる。

筆者もまた、一人の未熟な人間として、実社会で、様々な人間関係の苦労をさせて頂いた。その苦労を通じて、自身の未熟さに気がつき、多くの学びをさせて頂いた。いま、その時代を振り返るとき、それらの人間関係での苦労を、何よりも有り難いことであったと思う。

実際、世の中では、昔から、一つの警句が語られてきた。

それは、

「**若い頃の苦労は、買ってでもせよ**」

という言葉である。

正直に言えば、筆者は、若い頃、この言葉が、あまり好きではなかった。何か、苦労を押しつけられているような気がして、この言葉は、好きになれなかった。

しかし、天から与えられた七〇年の歳月を振り返るとき、そして、その人生で与えられた様々な苦労や困難を振り返るとき、あの生死の境の大病の体験も含め、この警句は真実であると感じる。

もとより、筆者は、「苦労を買ってでもする」ことのできるほど、賢明な人間ではなかったが、「大いなる何か」が、この未熟な人間を育てようと導いてくれたのであろう。

筆者が、拙《つたな》い歩みながら、それでも、人間としての成長の道を歩んで来ることができたのは、「大いなる何か」が、筆者に、様々な苦労や困難を与えてくれたからである。

そして、歳を重ね、いま、素直にそう思えることが、一人の人間として、幸せなことであるとも思う。

仏教に「怨憎会苦《おんぞうえく》」という言葉があるが、人生において怨《うら》み憎む者に会う苦しみのことである。もとより、「怨み憎む」ほどではないが、実社会における苦労の多くが、まさにこの人間関係の苦労であり、「好きになれない人との出会い」や「嫌いな人との出会い」

である。

その意味で、筆者も、若き日に、この人間関係の苦労を様々に体験させて頂いたが、この苦労を振り返るとき、筆者の支えになった一つの言葉がある。

それは、実社会に出て、最初に働いた会社で、耳にした言葉である。

入社後の新入社員研修が東京で行われ、明日から、それぞれが、地方の工場に赴任するという最後の日、その会社の人事部長が、我々、新入社員へのアドバイスとして、一つの言葉を贈ってくれたのである。

「君たちは、明日から、それぞれの職場に配属になる。

そこで、君たちに、一つ、アドバイスをしておこう。

まず、職場に配属になったら、その職場の人々を、しっかりと眺めなさい。

そして、それらの人々の中で、

最も好きになれそうにない人を、見つけなさい。

そして、その人を見つけたら、

その人を、好きになりなさい」

いま振り返ると、この人事部長の深い人間力を感じさせる言葉であるが、筆者の心には、新入社員のときに聞かされた、この言葉が、いまも、深い余韻を持って残っている。

なぜなら、それまでの筆者は、人間を好きになるか否かは「感情」の問題であると思っていたからである。

しかし、この人事部長は、人間を好きになるか否かは「意志」の問題であることを教えてくれたのである。それが「好きになりなさい」という言葉であった。

もとより、この言葉を聞いて、すぐにそれができるようになったわけではない。

しかし、この言葉は、それからの職場での日々において、人間関係の壁に突き当たったとき、必ず、心に浮かんできた。そして、この言葉によって、好きになれない人を好きになろうと努力し、その人間関係を糧《かて》として、拙い歩みながら成長してくることができた。その人間関係での苦労や困難を糧として、深い学びをさせて頂いた。

このように、**我々が人間として成長することができた体験を振り返るならば、その多くもまた、様々な「不運に見える出会い」の体験であろう。**

すなわち、「大いなる何か」に導かれるということの本当の意味は、「順境」や「幸運」が次々に訪れるということでは、全くない。

むしろ、その逆である。

「大いなる何か」に導かれるということは、ほとんどの場合、「不運に見える出来事」や「不運に見える出会い」を通じて、導かれるのである。

筆者自身、七〇年の人生の体験を振り返って、そう思う。

だから、筆者は、あなたに、敢えて、次の言葉を贈りたい。

「幸運」は、「不運」の姿をしてやってくる。

なぜなら、「大いなる何か」が我々を導くときは、そして、「大いなる何か」が我々を成長させようとするときは、「不運に見える出来事」や「不運に見える出会い」を与えるからである。それらの出来事や出会いを通じて、我々を導き、成長させようとするからである。

その深い意味を見つめるならば、「幸運は、不運の姿をしてやってくる」という言葉の意味が分かるだろう。

有り難いことに、筆者は、人生の様々な体験を通じて、そのことが分かるようになってきた。

そのため、最近では、「逆境」がやってくるたびに、

「これは、何の導きだろうか」
「これは、何を学べということか」
「これは、どう成長せよということか」

と考えることが、自然な心の習慣になっている。

このように、人生における「逆境」とは、「大いなる何か」が我々を導き、成長させるために与えるもの。

それゆえ、経営者やリーダーは、

第六の心得　「大いなる何か」の導きは、「一直線」ではないことを知る

を、心に刻むべきであろう。

そして、この心得を掴んだとき、あなたは、与えられた危機や逆境をも「絶対肯定の想念」で受け止めることができるようになるだろう。そして、そのとき、あなたの周りの風景が大きく変わっていることに気がつくだろう。

では、その「大いなる何か」の導きは、どのようにして分かるのか。

その「大いなる何か」の声に、どうすれば耳を傾けることができるのか。

最後に、そのことを語ろう。

第二三話

なぜ、人生の転機は、「不思議な偶然」によって導かれるのか

ここまで、本書では、何度も「大いなる何かの導き」という言葉を使ってきた。

それは、人によっては、「神の導き」「仏の導き」「天の導き」など、様々な言葉で表現されるものであろうが、いずれにしても、「人生は『大いなる何か』によって導かれている」という「信」の大切さについて、述べてきた。

では、もし、「大いなる何かの導き」というものがあるならば、我々は、何によって、その「導き」を感じることができるのか。もし、「大いなる何かの声」というものがあるならば、我々は、いかにして、その「声」に耳を傾けることができるのか。

それが、次の第七の心得である。

第七の心得　「何気ない出来事」に起こる「不思議な偶然」に注意を向ける

なぜなら、我々を導く「大いなる何かの声」は、決して、「劇的な形」で与えられるものではないからである。

例えば、道を歩いていると、突然、道端の易者に呼び止められ、ご託宣を告げられるといった、映画にでも出てくるような劇的な形で聞こえてくるものではない。

むしろ、**「大いなる何かの声」は、日常の「何気ない出来事」を通じて聞こえてくる**ものである。

正確に言えば、**日常、我々がふと感じる「不思議な偶然」を通じて聞こえてくる**のである。

この「不思議な偶然」とは、ユング心理学やトランスパーソナル心理学では、**「コインシデンス」**（**偶然の一致**）という言葉や**「シンクロニシティ」**（**共時性**）という言葉で呼ばれるものでもある。

例えば、ある問題で悩んでいるとき、たまたま待合室にあった雑誌を手に取ると、その問題に関する記事が載っていたという出来事や、今後の進路について悩んでいるとき、たまたま知人から転職の話が持ちかけられたといった「不思議な偶然」のことである。

実は、我々の人生を導く「大いなる何かの声」とは、そうした日常の「何気ない出来事」、特に「不思議な偶然」と呼ぶべきものを通して、聞こえてくるのである。

筆者の体験を述べるならば、一九九〇年に、それまで勤めていた会社を退職し、シンクタンクへの転職を行ったが、そのきっかけになったのも、この「不思議な偶然」であった。それは、一九八九年一二月の週末のことである。新聞を読んでいたら、人材募集のページにふと目が留まった。それは「新たなシンクタンクを設立。研究員募集」との広告であったが、そのときは、「そうか、都市銀行がシンクタンクを設立するのか…」と思った程度であった。しかし、その数日後、大学時代の友人と久しぶりに会い、昼食を取りながら雑談をしていると、彼が、問わず語りに「あの都市銀行が、シンクタンクを設立するそうだ。これは面白いシンクタンクになるのではないか」と述べたのである。

筆者は、当時、勤めていた会社に不満があったわけでもなく、特に、強く転職をしたいと思っていたわけでもなかったが、この「不思議な偶然」に、何か感じるものがあり、

「こうしたシンクタンクが、自分という人間を、どのように評価するかを聞いてみたい」という素朴な興味から、この人材募集の門を叩《たた》いたのである。

実は、このことから、筆者のキャリアの大転換が始まり、今日にいたる人生を拓いてくれたのであるが、そのきっかけは、日常の「何気ない出来事」であり、「不思議な偶然」であった。

また、筆者は、二〇〇八年から二〇一五年まで、「世界経済フォーラム」の国際的専門家会議、グローバル・アジェンダ・カウンシルのメンバーを務めた。その結果、世界各国の大統領や首相を始め、世界のトップリーダーが集まる「ダボス会議」にも、毎年、参加することになったが、その発端も、この「不思議な偶然」である。

それは、あるとき、スイス大使館で行われたレセプションと夕食会でのこと。筆者は、この場に招かれたのだが、たまたま、世界経済フォーラムの創設者であり、議長を務めているクラウス・シュワブ氏と、テーブルを同じくしたのである。

そして、これも偶然のことながら、筆者は、直後に、いくつかの仕事で欧州に出張することになっていた。

その場で、その出張の話を聞いたシュワブ氏が、筆者を、スイスのジュネーブにある世界経済フォーラムの本部に招待してくれたのである。

実は、グローバル・アジェンダ・カウンシルのメンバー就任も、ダボス会議への参加も、そして、それからのシュワブ氏との長く深いご縁も、そうした「何気ない出来事」と「不思議な偶然」が発端となって、導かれた歩みであった。

しかし、こうしたことは、決して筆者だけの特殊な体験ではない。

そのことを教えてくれる、興味深い研究がある。

それは、**「成功者の自叙伝」**を分析した研究である。

ある研究者が、政治家や経営者、学者や文化人、芸術家や音楽家など、様々な分野において、功成り名遂げた人物を取り上げ、その人物が書いた自叙伝を分析したのである。

その分析の眼目は、「こうした人生の成功者は、自分の人生を振り返るとき、その自叙伝において、共通して、どのような言葉を最も多く使っているのか」というものであった。

この研究の当初の予想は、こうした成功者は、「努力をして」や「粘り強く」、「才能を磨き」や「信念を持って」などの言葉を最も良く使うのではないかと考えられたが、実際に分析を行うと、予想に反して、次のような言葉が最もよく使われていたのである。

「偶然」
「たまたま」
「ふとしたことで」
「折よく」
「幸運なことに」

この研究結果を聞いて、あなたは、「ああ、やはり、人生で成功する人物は、みな、運が良いのか」と思うかもしれない。

しかし、そうではない。

この研究結果から学ぶべきは、その奥にある、もう一つの真実であろう。

それは、なぜ、これらの人物は、その「良い運気」を引き寄せることができたのか、ということである。

では、なぜ、これらの人物は、それができたのか。

第二三話

強運の人間は、「大いなる何か」が囁く「小さな声」に気づく

その理由を端的に述べるならば、これらの成功者は、誰もが共通に、次の能力を持っていたのである。

「大いなる何か」が囁《ささや》く「小さな声」に気づく能力

それは、言葉を換えれば、日常の「何気ない出来事」のなかに「大いなる何かの声」を感じ取る能力でもある。

すなわち、これらの成功者は、その人生の岐路において、たまたま誰かが声を掛けてくれたとき、「これは、何か意味があるのではないか？」と感じる力が優れていたのである。

ふとしたことで出会った人に、「この人との出会いは、何かの天の声だろうか？」と考える力が優れていたのであり、偶然起こったように見える出来事にも、「この出来事は、何かのメッセージだろうか？」と受け止める力が優れていたのである。

これらの人物が、その成功した人生を振り返るとき、「偶然」「たまたま」「ふとしたことで」「折よく」「幸運なことに」といった言葉を使うのは、それが理由である。

それは、決して、単に「運が良かった」だけではない。

先ほども述べたように、「大いなる何か」が我々に何かの声を伝えてくるときというのは、決して劇的な形ではない。まさに、「何気ない出来事」や「偶然のように見える出来事」を通じて、伝えてくるのである。

それは、敢えて言えば、**「大いなる何か」が、我々を試している**とも言える。

我々に気づく力が無ければ、見逃してしまうような形で、大切なメッセージを伝えてくるのである。

それは、たまたま目に止まった、新聞の片隅に載っていた記事かもしれない。ふと耳にした、喫茶店で隣にいた客同士が語っていたことかもしれない。偶然、あるパーティで出会った人との会話かもしれない。
そうした「何気ない出来事」に「何かの意味」を感じる力。
それは、**「大いなる何か」が囁く「小さな声」に気づく力**であるとも言える。
これらの成功者は、そうした力を持っていたのであろう。

しかし、こう述べてくると、あなたは、こう思われるかもしれない。

「我々の日々の生活においては、『何気ない出来事』は、無数にある。
それらの無数の出来事の中から、『意味のある出来事』を感じ取るためには、
どうすれば良いのか？」

これは、実に大切な質問であろう。
そして、この質問に対する答えが、この第七の心得で述べた、

「何気ない出来事」に起こる「不思議な偶然」に注意を向ける

ことである。

先ほど、「大いなる何か」が我々に何かの声を伝えてくるときは、「何気ない出来事」や「偶然のように見える出来事」を通じて伝えてくる、と述べたが、実は、「大いなる何か」がメッセージを伝えてくるときは、しばしば、この「不思議な偶然」の形を取ってくるのである。

すなわち、先ほどの例で言えば、ある事業について考えていたら、たまたま目に止まった新聞の片隅に、その事業のヒントになる情報が載っていたという偶然や、転職について悩んでいたら、ふと耳にした、喫茶店で隣にいた客同士が語っていた仕事のことが、自分が転職を考えている仕事であったという偶然である。

こうした「不思議な偶然」のことを、「コインシデンス」（偶然の一致）や「シンクロニシティ」（共時性）と呼ぶことは、すでに述べたが、「大いなる何か」が我々にメッセージを伝えてくるときは、しばしば、この「コインシデンス」や「シンクロニシティ」の形をとって、そのメッセージを伝えてくるのである。

従って、人生において、危機や逆境が与えられたとき、その混迷のなかで、どちらに進むべきか、どのように処すべきかを**迷ったときは、身の回りで起こる、この「不思議な偶然」、「コインシデンス」や「シンクロニシティ」に注意すべき**なのである。

実際、仕事や生活の「何気ない出来事」の中に、ふと「不思議な偶然」が起こり、そこに「何かの声」を感じたことで、成功へと導かれたという逸話は、歴史を振り返っても、無数にある。


例えば、現代における最大のビジネス成功者の一人である、マイクロソフトの創業者、ビル・ゲイツ。彼の成功は、パーソナル・コンピュータ（ＰＣ）の基本ソフト「ウィンドウズ」と、その前身である「ＭＳ－ＤＯＳ」の開発がすべての発端であるが、実は、この開発は、彼が戦略的に意図したものでも、計画したものでもなかった。それは、「何気ない出来事」と「不思議な偶然」に導かれたものであった。

当時、ＰＣの市場に進出することを考えていた巨大企業ＩＢＭが、そのＰＣを動かす基本ソフトの開発を依頼しようと考えていたのは、当初、「ＣＰ／Ｍ」という基本ソフトを持っていたデジタルリサーチ社であった。しかし、ＩＢＭの交渉担当者が、デジタルリサーチ社の創業者、ゲイリー・キルドールを訪問したとき、不運なことに、彼は、外出中で不在であった。さらに不運なことに、交渉内容を伝えようとした交渉担当者が、交渉を代理するキルドール元夫人に「守秘義務契約」に署名することを求めたところ、彼女が、これを拒否したのである。

こうした偶然が重なった状況で、ＩＢＭの交渉担当者は、マイクロソフトのビル・ゲイツに相談をした。しかし、当時のマイクロソフトは、ＰＣ用の基本ソフトを持っていなかったが、このとき、ゲイツは「何かの声」を感じたのだろう。「我々が、その基本ソフトを開発する」とＩＢＭに伝え、一方、当時、シアトル・コンピュータ・プロダクツ社が開発していた基本ソフト「ＱＤＯＳ」を五万ドルで買収し、それに修正を加えて「ＭＳ－ＤＯＳ」という基本ソフトとしてＩＢＭに提供したのである。

この経緯については、様々な説が語られているが、いずれにしても、こうした偶然の連鎖が、現在の「マイクロソフト帝国」と呼ばれる巨大企業の始まりなのである。

このように、歴史的な成功物語も、その背後には、こうした「何気ない出来事」や「不思議な偶然」が存在しているのであり、**成功者は、誰もが、そうした出来事や偶然が伝えてくる「大いなる何か」の「小さな声」に気づく力が優れている**のである。

しかし、こう述べても、もしかしたら、あなたは、こう感じているかもしれない。

「私には、そうした『不思議な偶然』や『シンクロニシティ』と呼ばれるようなことは、あまり起こらない。

どうすれば良いのか…」

実は、世の中に、そう感じる人は決して少なくない。

ただ、そうした人は、その日常において、決して「不思議な偶然」が起こっていないのでも、「シンクロニシティ」が起こっていないのでもない。

起こっていても、それに気がついていないだけなのである。

では、なぜ、それに気がつかないのか。

その理由は、二つある。

第一の理由は、心の中の「ネガティブな想念」が「雑音」となって、「大いなる何か」の「小さな声」を掻き消してしまうからである。

すなわち、我々の心の中には、怒りや悲しみや憎しみといった「エゴ」が生み出す「ネガティブな感情」や、過去の人生での挫折や失敗や敗北といった「否定的体験」がもたらす「ネガティブな心境」などがあるが、そうした「ネガティブな想念」は、心の中に、様々な「雑音」を生み出すため、せっかく「大いなる何か」が「不思議な偶然」や「シンクロニシティ」の形でメッセージを伝えてきても、その「小さな声」が、それらの「雑音」に掻き消されてしまい、聞こえてこないのである。

従って、その「大いなる何かの声」に耳を傾けるためには、まず、そうした「ネガティブな想念」を「浄化」し、「心の雑音」を消していかなければならないのである。

その「心の浄化」の技法については、この後の第二五話で、詳しく述べよう。

第二の理由は、心の中に、「大いなる何かの声」に耳を傾ける「賢明なもう一人の自分」が現れていないからである。

では、その「賢明なもう一人の自分」とは何か。

先に、そのことを述べよう。

第二四話

「大いなる何か」の声に耳を傾ける
「賢明なもう一人の自分」

「賢明なもう一人の自分」とは、すでに第一五話で述べたが、我々の心が「静寂意識」の状態になるときに現れる人格である。

そう言っても、これは、何か特殊な人格ではない。

我々の多くが、この「賢明なもう一人の自分」が現れてくる瞬間を、仕事や生活で経験しているだろう。

例えば、職場での仕事のトラブルで、つい誰かに対して感情的な言葉を投げつけたとき、すぐに「ああ、自分は、なぜ、こんなに感情的になっているのか…」と語りかけてくる、もう一人の人格が現れるときがあるだろう。

また、例えば、家庭生活でのストレスで、家族に対して当たってしまうとき、「ああ、自分は、何かイライラしているな…」と語りかけてくる、もう一人の人格が現れるときがあるだろう。

この「もう一人の人格」が、ここで述べる「賢明なもう一人の自分」である。

小説などで、よく「はっと我に返った」という表現が使われるが、「賢明なもう一人の自分」とは、この「我」であるとも言える。

すなわち、感情に流されたり、衝動的になっているとき、その感情に流されている自分や、衝動的に行動している自分を、冷静に見つめる「もう一人の自分」が現れるときがあるが、まさに、それが、この「賢明なもう一人の自分」である。

では、なぜ、この「賢明なもう一人の自分」が、「大いなる何かの声」に耳を傾けることができるのか。

心の中に「賢明なもう一人の自分」が現れると、
心の中に「雑音」を生み出している「エゴ」（自我）の動きが
静まるからである。

すなわち、我々の心の中の「ネガティブな想念」の多くは、怒りや悲しみや憎しみといった、「エゴ」が生み出している「ネガティブな感情」であり、それが、心の中に、様々な「雑音」を生み出しているのだが、この「賢明なもう一人の自分」が現れると、「エゴ」の動きが静まり、その結果、これらの「雑音」が静まっていくのである。

そして、そうした「雑音」が消えた「静かな心」の状態、言葉を換えれば「静寂意識」の状態が生まれるため、「賢明なもう一人の自分」は、「大いなる何かの声」に耳を傾けることができるのである。

では、なぜ、「賢明なもう一人の自分」が現れると、「エゴ」の動きが静まるのか。

その理由は、「賢明なもう一人の自分」が「エゴ」の動きを抑え込むからではない。

「賢明なもう一人の自分」は、「エゴ」の動きを、否定も肯定もせず、ただ、静かに見つめるからである。

では、なぜ、それが、「エゴ」の動きを静めるのか。

その理由を知るためには、「エゴ」というものの、「天邪鬼《あまのじゃく》」と呼ぶべき性質、極めて厄介な性質を理解する必要がある。

それは、二つの性質である。

第一に、この「エゴ」は、表面意識で「エゴを静めよう」と考え、無理に静めようとしても、決して静まることはない。むしろ、その動きが強まってしまうのである。

例えば、誰かに怒りを感じたとき、「ここで怒ってはならない」と自分に言い聞かせても、かえって、その怒りが強まるということは、誰もが体験することである。

第二に、この「エゴ」は、表面意識で「エゴを捨てよう」と考え、「エゴ」を捨てたと思っても、決して無くなることはない。むしろ、そうした抑圧をすると、「エゴ」は、一時、表面意識から姿を消すが、必ず、別なところで鎌首をもたげ、厄介な動きをする。

例えば、会社で、同期入社の同僚が自分より先に昇進したとき、表面意識では、「自分は、同僚の出世に嫉妬《しっと》したりはしない」と心の中の「エゴ」を抑圧しても、数か月後、その同僚が突然の病気で長期療養に入ったと聞くと、心の奥深くから、その同僚の不幸を「ほくそ笑む」エゴが現れてくることもある。

このように、我々の心の中の「エゴ」は、実に厄介な性質を持っているが、では、この「エゴ」に処するには、どうすれば良いのか。

それには、唯一の方法しかない。


「エゴ」の動きを、否定も、肯定もせず、ただ静かに見つめる。


こう述べると、あなたは、驚かれるかもしれないが、実は、**我々の心の中の「エゴ」に処する、最善の方法、唯一の方法**は、この技法なのである。

すなわち、先ほどの例であれば、怒りを感じている「エゴ」に対して「怒ってはならない」と働きかけるのではなく、そうした否定をせず、また肯定もせず、「ああ、自分の心は、いま、この相手に、怒りを感じている」と、ただ静かに見つめることである。

また、嫉妬を感じている「エゴ」に対して、「嫉妬をしてはならない」と抑圧するのではなく、否定も肯定もせず、「ああ、自分の心は、いま、同僚の出世に対して、嫉妬をしている」と、ただ、静かに見つめることである。

そのように処するならば、我々の心の中の「エゴ」は、不思議なほど静まっていく。

その**「エゴ」は、決して無くなることはないが、その厄介な動きが静まっていく。**

このように、心の中に「賢明なもう一人の自分」が現れると、「エゴ」の動きが静まっていく理由は、「賢明なもう一人の自分」は、「エゴ」の動きを、否定も肯定もせず、ただ、静かに見つめるからである。

そして、「エゴ」の動きが静まり、「雑音」が消えたとき、真に「静かな心」の状態、すなわち、第一五話で述べた「静寂意識」の状態が生まれ、「賢明なもう一人の自分」は、「大いなる何かの声」に耳を傾けることができるのである。

では、どうすれば、自分の心の中に、この「賢明なもう一人の自分」が現れてくるのか。

そのためには、**日々の仕事や生活の中で、ときおり、意識的に、自分の感情の動きや心の衝動を静かに見つめるという修行をする**ことである。

その修行を続けていると、この「賢明なもう一人の自分」、すなわち「賢我」は、必要なとき、自然に、心の中に現れてくるようになるだろう。

第二五話

心を浄化し、「絶対肯定の想念」を生み出す「三つの技法」

こうして、心の中に「賢明なもう一人の自分」が現れ、「エゴ」の動きを静かに見つめることによって、「エゴ」の動きが静まり、心の中の「雑音」が消えていくならば、我々は、「大いなる何か」が囁く「小さな声」にも耳を傾けることができるようになる。

しかし、「大いなる何かの声」に耳を傾けるためには、「エゴの動きを静かに見つめる」以外に、実は、もう一つ大切なことがある。

なぜなら、我々の心の中に「雑音」を生み出すのは、「エゴ」が生み出す、怒りや悲しみや憎しみといった「**ネガティブな感情**」だけではないからである。

我々の過去の人生での、失敗や敗北や挫折といった「否定的体験」がもたらす「**ネガテ**

ィブな心境」もまた、我々の心の中に「雑音」を生み出すのである。

従って、「大いなる何かの声」に耳を傾けるためには、もう一つ、心の奥深くにある、この「ネガティブな心境」を取り除かなければならない。

それが、第二三話で触れた「**心の浄化技法**」であるが、これは、我々の心の奥深くにある、過去の「否定的体験」がもたらした「ネガティブな想念」を「ポジティブな想念」へと陽転させていくことによって、無意識の世界も含めた心を浄化していく技法である。


しかし、この技法の説明に入る前に、そもそも、なぜ、こうした技法が必要なのかを説明しておこう。


改めて述べるならば、本書の目的は、どうすれば、我々経営者やリーダーは、危機や逆境において、「良い運気」を引き寄せることができるのか、その「心得」、すなわち「心の技法」を明らかにすることである。

しかし、その技法を掴むためには、まず、古今東西の「運気論」で語られてきた、一つの法則を理解しておく必要がある。

それが、第一五話で述べた、**「引き寄せの法則」**（Law of Attraction）である。

この法則は、文字通り、

「我々の心の中の想念が、その想念と共鳴する
知識や智恵、出来事や出会いを引き寄せる」

というものであるが、特に、無意識の世界にある想念は、それと共鳴するものを強く引き寄せていく。

従って、もし我々が、「良い運気」を引き寄せたいと願うならば、無意識の世界を「良い想念」や「ポジティブな想念」で満たす必要がある。

それゆえ、これまで、古今東西の「運気論」に関する書物は、

いかにして「無意識」の世界を「ポジティブな想念」で満たすか

について、様々な方法を述べてきた。

そして、その多くは、

「表面意識」の世界で
「ポジティブな想念」を強く何度も抱くことによって、
「無意識」の世界に、その想念を浸透させる

という方法が語られてきた。

例えば、「必ず実現する」や「必ず成功する」などのポジティブな言葉を、何度も口に出す方法や、望んでいるものが実現したり、事業が成功したときのポジティブなイメージを、何度も心に思い浮かべたりする方法である。

あなたも、そうした方法については、書籍や雑誌で、目にされたことがあるだろう。


しかし、実は、そうした方法が、必ずしも上手くいかないのである。

なかなか、効果を発揮しないのである。

それもまた、世界中で、多くの人々が経験していることであるが、では、なぜ、こうした方法が、上手くいかないのか。効果を発揮しないのか。

その理由は、二つある。

第一の理由は、我々が、そうした方法で、無意識の世界に「ポジティブな想念」を浸透させようとしても、すでに、我々の無意識の世界には、多くの「ネガティブな想念」が蓄積しており、これらを消さないかぎり、「ポジティブな想念」が打ち消されてしまうからである。

第二の理由は、そうした方法で、表面意識の世界で「ポジティブな想念」を強く何度も抱くと、「心の双極的性質」のために、逆に、無意識の世界に「ネガティブな想念」が生まれ、蓄積してしまうからである。このことは、すでに第五話で述べた。

従って、我々が、本当に「良い運気」を引き寄せたいと願うならば、あれこれの**「心理的なテクニック」によって無意識の世界に「ポジティブな想念」を刷り込もうとするよりも、「根本的な心の姿勢の転換」によって、無意識の世界から自然に「ネガティブな想念」が消えていくという技法を用いるべき**なのである。

では、どうすれば、その「根本的な心の姿勢の転換」を行うことができるのか。

そのためには、次の「三つの技法」がある。

第一の技法　「無意識のネガティブな想念」を浄化していく技法

第二の技法　「人生でのネガティブな体験」を陽転していく技法

第三の技法　「究極のポジティブな人生観」を体得していく技法

これらの技法については、拙著『運気を磨く』において詳しく述べたが、本書においても、紙数の許す範囲で、それぞれ、要点を説明しておこう。

まず、**第一の技法、「無意識のネガティブな想念」を浄化していく技法**とは、何か。
それは、次の「三つの習慣」を身につける技法である。

第一の習慣　自然の偉大な浄化力に委ねる
第二の習慣　言葉の密かな浄化力を活かす
第三の習慣　和解の想念の浄化力を用いる

第一は、詳しい説明は不要であろう。豊かな自然に触れることによって、心の奥深くから癒され、浄化されるという経験は、誰もが持っているからだ。ただし、このとき大切な心得は、ただ、自然の中に漫然といることではなく、**自然に「正対」し、自然に「身を浸す」**ことである。その技法を、習慣にすることである。

第二は、日常生活で「ネガティブな言葉」を使わず、「ポジティブな言葉」を使うようにすることである。ただし、このとき大切な心得は、「**意識的な自己暗示の言葉**」としてポジティブな言葉を使うのではなく、「**無意識的に使う日常言葉**」としてポジティブな言葉を使うことである。

なぜなら、「意識的な自己暗示の言葉」は、第五話で述べたように「心の双極的性質」のため、逆効果になることが多いからである。一方、**「無意識的に使う日常言葉」は、恐ろしいほどに、無意識の世界に浸透していく**からである。

特に、日常言葉として「素晴らしい」「有り難う」「最高だ」など、**「感嘆」「感謝」「感動」の三つの言葉**を使うことを習慣にすることである。

第三は、仕事や生活の人間関係において、摩擦や葛藤、反目や衝突がある人と、心の中で、一人一人と「和解」していくことである。なぜなら、**我々の心の中の「ネガティブな想念」の多くが、「人間関係」での摩擦や葛藤、反目や衝突から生じているから**である。

この「**和解**」の**技法**は、葛藤や反目を生み出している相手に対して、ただ無条件に、心の中で「〇〇さん、有り難うございます」と唱えることである。この技法については、後ほど、第三〇話で詳しく述べるが、この技法を習慣にするならば、「**身心一如**《しんじんいちにょ》」の**理**《ことわり》によって、不思議なほど、心が浄化されていくだろう。

次に、**第二の技法、「人生でのネガティブな体験」を陽転していく技法**とは、何か。
それは、次の「五つの解釈」による気づきを得る技法である。

第一の解釈　自分の人生には多くの「成功体験」があることに気がつく
第二の解釈　自分が「運の強い人間」であることに気がつく
第三の解釈　過去の「失敗体験」が実は「成功体験」であったことに気がつく
第四の解釈　自分には「幸運な人生」が与えられていることに気がつく
第五の解釈　自分の人生に与えられた「究極の成功体験」に気がつく

この技法は、これら「五つの解釈」を、心の中で段階を追って進めていくことによって、過去の人生の「ネガティブな体験」を、一つ一つ「陽転」させていき、それによって、無意識の世界にある「ネガティブな想念」を消していく技法である。

第一に、我々は、人生で、実は多くの「成功体験」が与えられているにもかかわらず、「失敗体験」にばかり目が向いてしまい、その「**成功体験」に目を向けない自己否定的な**

傾向がある。従って、たとえ小さな「成功体験」でも良い、一度、時間をかけて人生を振り返り、その棚卸しをすることである。

第二に、例えば、事故を起こしたとき、それを「事故を起こして、運が悪かった」と考えるのか、「事故を起こしたにもかかわらず、軽症で済んだことは、運が良かった」と考えるのかは、ひとえに「解釈力」の問題である。その意味で、**「絶対肯定の解釈力」を身につけるならば、実は、我々は、誰もが、「運の強い人間」**なのである。

第三に、どのような「失敗体験」も、その体験から大切な何かを学び、成長することができたならば、それは見事な「成功体験」なのである。その真実に気がつくことである。

第四に、我々は、自分の人生を見つめるとき、**「与えられたもの」よりも「与えられなかったもの」に目が向いてしまう傾向**がある。しかし、この「与えられたもの」に目を向けるとき、そこに感謝の心が芽生え、自分の人生が「幸運な人生」であることに気がつく。

第五に、第八話から第一〇話で述べたように、人生における「死」を見つめ、「死生観」を定めるならば、「**いま、こうして生を与えられ、こうして生きていること**」**そのものが奇跡のように有り難いことであり、それ自身が「究極の成功体験」**であることに気がつくだろう。

こう述べてくると、あなたは、人生の一つの真実を理解されたのではないだろうか。

我々の人生を分けるのは、
「人生において、何が起こったか」ではない。
「起こったことを、どう解釈するか」、
その解釈力こそが、我々の人生を分けるのである。

最後に、**第三の技法、「究極のポジティブな人生観」を体得していく技法**とは、何か。
それは、次の「五つの覚悟」を、順に一つ一つ定めていく技法である。

第一の覚悟　自分の人生は「大いなる何か」に導かれていると、信じる
第二の覚悟　人生で起こること、すべて、深い意味があると、考える
第三の覚悟　人生における問題、すべて、自分に原因があると、引き受ける
第四の覚悟　「大いなる何か」が、自分を育てようとしていると、受け止める
第五の覚悟　逆境を越える叡智は、すべて、与えられると、思い定める

この技法は、すべての出来事や出会いを、無条件に「全肯定」していくため、そもそも、心の中に「ポジティブな想念」と「ネガティブな想念」の分離が起こらない。そのため、この技法は、文字通り「絶対肯定の技法」であり、無意識の世界の浄化の技法としては、「究極の技法」であるとも言える。

第一は、すでに第一一話と第一二話で述べた覚悟であるが、まず、無条件に、この覚悟を定めることができるか否か、それが分かれ道である。

第二に、もし、この覚悟を定めることができたならば、我々は、いかなる逆境に直面しても、その**逆境には、すべて、「大いなる何か」が我々を成長させるための「意図」があり、その逆境には「深い意味」があると、**前向きに受け止めることができる。

第三に、このとき、「自分に原因がある」と覚悟を定めるのは、自分を責めるためではない。そうした「ネガティブな想念」からではない。そこには、**「自分に原因があると『引き受け』をすることによって、自分の成長の課題に気がつき、さらに大きく成長していける」**という、極めて「ポジティブな想念」がある。

第四に、「大いなる何かが、自分を育てようとしている」と受け止めることができるのは、**「大いなる何かは、自分を育てることによって、素晴らしい何かを成し遂げさせようとしている」との「信」**があるからである。その「信」とは、言葉を換えれば、「**使命感**」や「**志**」と呼ばれるものでもある。

第五に、我々の人生が「大いなる何か」に導かれているのであれば、そして、与えられた逆境が、我々を育てるために与えられたものであるならば、その逆境を超える叡智は、必ず、その「大いなる何か」から与えられると、深く信じることである。

この「五つの覚悟」を定めるとき、我々の人生の風景が、根本から変わるだろう。

さて、以上が、**心の奥深くの「ネガティブな想念」を取り除き、無意識の世界も含めて「究極のポジティブな想念」、「絶対肯定の想念」で満たす**「三つの技法」である。

この「三つの技法」、すなわち、「**三つの習慣**」「**五つの解釈**」「**五つの覚悟**」については、ただ「知識」として心に留めるのではなく、本日、ただいまから「実行」されることを、勧めたい。

ゆっくりと、しかし確実に、心の奥深くからの浄化が始まるだろう。

そして、それに伴って、必ず、「良い運気」を引き寄せていくだろう。

第二六話

最も短く、最も効果的な「心の陽転技法」とは何か

前話では、「心を浄化する三つの技法」を実行することによって、我々の心の中の「ネガティブな想念」は「ポジティブな想念」に陽転し、心全体が、「絶対肯定の想念」で満たされていくことを述べた。

もとより、それは、一朝一夕に達成されるものではないが、この「心の浄化技法」を習慣とすることによって、確実に、我々の心の中には「ポジティブな想念」が増えていき、「絶対肯定の想念」を抱く時間が増えていく。

そして、それに伴って、我々の心には、第一五話で述べた状態、心の中の「雑音」が消えた「静寂意識」の状態が訪れやすくなり、日々の「何気ない出来事」や「不思議な偶然」を通じて「大いなる何かの声」を感じやすくなっていく。

それが、「大いなる何かの声」に耳を傾け、その声を聴くための技法であるが、その「大いなる何かの声」に従って歩むとき、自然に「良い運気」を引き寄せていることに気がつくだろう。

従って、筆者は、あなたに、まず、この「心の浄化技法」を実践することを勧めたい。

それは、素朴な技法でありながら、確実に、あなたの心の状態を変えていくだろう。

ただ、もし、あなたが、この「心の浄化技法」を実践するならば、同時に、身につけて頂きたい、もう一つの技法がある。

それは、ある意味で、この**「心を浄化する三つの技法」を凝縮した技法**であり、心の状態を「絶対肯定の想念」で満たすには、最も短い技法でありながら、最も効果的な技法である。

では、それは、いかなる技法か。

それは、「**祈りの技法**」である。

ただ、こう述べると、あなたは、様々な宗教において行われている「祈祷」や「祈願」などの「祈り」を想起されるかもしれない。

しかし、ここで筆者が述べようとしているのは、そうした「**宗教的技法としての祈り**」ではない。むしろ、筆者が述べようとしているのは、「**科学的技法としての祈り**」である。

すなわち、それは、現代の最先端の臨床心理学、深層心理学、超個心理学、さらには、意識科学、量子脳理論、量子物理学などに基づいた、「科学的技法としての祈り」である。

そして、この「科学的技法としての祈り」とは、まず、何よりも、我々の心の中の「ネガティブな想念」を「ポジティブな想念」に陽転させる技法であり、そのことによって、心を「絶対肯定の想念」で満たし、結果として「良い運気」を引き寄せる技法である。

では、この「科学的技法としての祈り」は、これまでの「宗教的技法としての祈り」とは、何が違うのか。

まず「宗教的技法としての祈り」とは、基本的に「**願望の祈り**」である。

そのことは、我々が神社仏閣に参拝したときの「祈祷」や「祈願」が、どのように行われるかを思い起こしてみれば、分かるだろう。

その多くは、「家内安全」「事業繁盛」「無病息災」「健康回復」「試験合格」などの言葉に象徴されるように、我々の願望が実現することを願う「祈り」、すなわち、「願望の祈り」である。

従って、こうした「宗教的な技法としての祈り」においては、

「家族に災いや病気がありませんように」
「この事業が繁盛しますように」
「病気をせず、健康でありますように」
「この病気が治り、健康を回復できますように」
「この試験に合格できますように」

といった言葉で、我々の願いごとが実現するように祈ることが、基本となっている。

しかし、第五話で述べたように、深層心理学の観点からすると、こうした祈りには、隠れた落し穴がある。

それは、深層心理における「**心の双極的性質**」の問題が生まれるからである。

すなわち、祈りにおいて「願望の祈り」を行うと、表面意識の世界では、その願望の実現を望んでいるのであるが、**無意識の世界に、その願望が実現しないことへの不安が生まれてしまう**のである。

そのことは、「願望の祈り」を捧げた後に、自身の心を静かに見つめてみれば、よく分かるだろう。

先ほどの例で言えば、

「家族に災いや病気があるのではないか」
「この事業が繁盛しなかったらどうしよう」
「病気に罹《かか》ったり、健康を損ねるのではないか」
「この病気が治らなかったらどうしよう」
「この試験に落ちるのではないか」

といった「ネガティブな想念」が、心の奥深くに生まれてしまい、この無意識の世界が、我々の人生に影響を与えてしまうのである。

実際、毎年、無数の人々が、神社仏閣に参拝し、熱心に、ときに懸命に「祈り」を捧げている。その思いや願いは尊いものであるが、残念ながら、それらの思いや願いは、必ずしも実現しない。それは、この「心の双極的性質」に大きな原因がある。

すなわち、表面意識の世界では、「家内安全」「事業繁盛」「無病息災」「健康回復」「試験合格」を熱心に願っているにもかかわらず、それが実現しないばかりか、ときに、その逆のことが起こってしまうのは、この「心の双極的性質」のため、心の奥深くの無意識の世界に、その願いと真逆の想念が生まれてしまうからである。そして、その想念が、ときに、「ネガティブな出来事」を引き寄せてしまい、「悪い運気」を引き寄せてしまうからである。

では、どうすれば良いのか。

この「祈り」の世界にも、「心の双極的性質」の問題があるのならば、我々は、どのような「祈り」を行えば良いのか。

第二七話

瞬時に「絶対肯定の想念」を生み出す「祈りの技法」

一言で述べよう。

「全託の祈り」を行うことである。

すなわち、先ほど述べたような「願望の祈り」ではなく、「全託の祈り」を行うべきなのである。

では、「全託の祈り」とは何か。

それは、読んで字の如く**「全てを『大いなる何か』に託する祈り」**である。

「全てを『大いなる何か』に託する」ということは、**祈りの結果、与えられるものを、全て「大いなる何か」の導きに委ねる**ことであり、「あれを、ああしてください」「これを、こうしてください」という形で、自分の願望が実現することを「大いなる何か」に求めることを、しないということである。

こう述べると、あなたは、「それでは、自分の求めるもの、自分が願うものが与えられなかったら、どうするのか？」と思われるかもしれない。

しかし、先ほども述べたように、そうした想念そのものが、心の奥深く、無意識の世界に、懸念や心配、不安や恐怖という形で「ネガティブな想念」を生み出し、それが、「ネガティブな結果」を引き寄せてしまうのである。

逆に、「全てを『大いなる何か』に託する」「全てを『大いなる何か』の導きに委ねる」ということは、一見、自己放棄のように聞こえるかもしれないが、実は、この祈りは、最もポジティブな祈りであり、「絶対肯定の祈り」である。

なぜなら、この「全託の祈り」の背後には、次の「絶対肯定の想念」があるからである。

「大いなる何か」とは、自分の心の奥深くにある「真我」に他ならない。
それゆえ、「真我」は、自分の人生を、必ず良き方向へと導いている。
そして、「真我」は、しばしば、危機や逆境を通じて、自分を成長させようとする。
従って、たとえ、自分の願っていることと違う結果、真逆の結果が与えられても、
それは、「真我」が、その結果を通じて、自分を導こうとしているからである。
そうであるならば、その結果を通じて、また、深く学び、成長していこう。
人生では、何が与えられても、
すべては、「大いなる何か」が、自分を成長させるために与えたもの。
「大いなる何か」は、自分を育てることによって、
素晴らしい何かを成し遂げさせようとしている。
それゆえ、自分の人生は、どこまでも、
「大いなる何か」に導かれている。そして、「大いなる何か」に護られている。
人生においては、何一つ、心配することはない。何一つ、不安に思うことはない。

自分の人生は、「大いなる何か」が、導いている。

心の奥深くの「真我」が、導いている。


もし、我々が、この想念を「信」として身につけるならば、それは、文字通り「絶対肯定の想念」であり、**我々が人生で抱き得る想念で、これ以上にポジティブな想念は、無い。**

従って、この「全託の祈り」は、言葉にすれば、極めて簡潔、極めて短いものである。

それは、次の一言。


「**導きたまえ**」


それだけの簡潔な祈り、短い祈りである。

しかし、一方、この祈りは、最強の祈りでもある。

なぜなら、この祈りの前提には、**「自分の人生は『大いなる何か』に導かれている」との強い「信」**があり、**「祈りの結果、与えられるものは、すべて『大いなる何か』の導きである」との深い「覚悟」**があるからである。

言葉を換えれば、この「導きたまえ」との祈りは、そうした「信」と「覚悟」を強め、深めていく祈りであり、心の中から様々な懸念や心配、不安や恐怖を払拭《ふっしょく》していく祈りでもある。

そのため、我々の心は、確実に、「ポジティブな想念」で満たされ、「絶対肯定の想念」に向かっていく。

そして、その結果、この「導きたまえ」との祈りが、この「全託の祈り」が、良い運気を引き寄せることは、改めて述べるまでもない。

ただし、この「導きたまえ」という「全託の祈り」を捧げるとき、その大前提として、自分自身が物事に最善を尽くすということは、改めて言うまでもない。

昔から「**人事を尽くして、天命を待つ**」という言葉があるが、この言葉の真の意味は、「人事を尽くした人間にのみ、天の導きがある」ということに他ならない。

言葉を換えれば、「人事を尽くした人間にのみ、良い運気がやってくる」のであり、このこともまた、改めて言うまでもない。

ちなみに、この「全託」ということに関連して、禅の世界では、

「掴んでいるものを、放せ！」

との言葉が語られる。

これは、何かに拘《こだわ》り、固執し、掴んでいるかぎり、逆に、大切なものを得られないことを教えている警句であるが、「願望の祈り」とは、ある意味で、まだ、「こうして欲しい」「ああして欲しい」という「エゴ」の欲求によって、物事を「掴んでいる」状態に他ならない。

しかし、ひとたび、その拘りと固執から離れ、すべてを「大いなる何か」に委ね、託するならば、それが「掴んでいるものを放した」状態であり、そのとき、不思議なほど、様々なものが、有り難い形で与えられるのである。

「全託の祈り」とは、その意味で、

「掴んでいるものを放した祈り」であるとも言える。

第二八話

いかにして「全託の祈り」を、日々、実行するか

しかし、「全託の祈り」の大切さを、こう述べてきても、あなたは、「本当に、そんな簡単な方法で、心がポジティブになるのか？」と思われるかもしれない。

そうであるならば、いま、この本を閉じて、この「祈り」を実行してみて頂きたい。

まず、いま、この瞬間の自身の心の中を見つめ、何かの懸念や心配、不安や恐怖の想念があれば、それから目をそらさず、見つめて頂きたい。

そして、その「ネガティブな想念」を見つめたら、次に、心の中で、こう念じて頂きたい。

私の人生は、すべて、「大いなる何か」に導かれている。
心の奥深くの私自身、「真我」に導かれている。
どのように否定的に見える出来事も、出会いも、
すべて、深い意味があって、導かれ、与えられている。
たとえ、それが、どれほど不運な出来事や出会いのように見えても、
「大いなる何か」は、心の奥深くの「真我」は、
その出来事や出会いを通じて、自分に気づきを与え、自分を成長させ、
素晴らしい人生へと導こうとしている。

そして、そのことを念じた後、心の中で、ただ一言、

「導きたまえ」

と祈って頂きたい。

それだけで、ただ、それだけで、自分の心にポジティブな変化が生まれていることに、気がつくだろう。

そして、この習慣を続けていくと、まもなく、前段の「私の人生は、すべて、『大いなる何か』に導かれている。…　中略　…　素晴らしい人生へと導こうとしている。」と念じることは、必要なくなってくる。

なぜなら、まもなく、「導きたまえ」と心の中で祈っただけで、この「私の人生は、すべて、『大いなる何か』に導かれている。…　中略　…　素晴らしい人生へと導こうとしている。」というポジティブな想念が、自然に心の中に浮かび上がってくるからである。

実際、筆者は、毎日、この「導きたまえ」との祈りを、何度も、心の中で捧げている。

筆者は、現在、富士山麓の森の中で生活と仕事をしているが、毎朝、起きると、目の前に聳《そび》え立つ富士の雄姿に向かって、この「全託の祈り」を捧げる。

その祈りは、「導きたまえ」から始まって、まもなく、「すべては導かれている」という絶対安心の祈りへと深まっていく。

なぜなら、先ほどの「私の人生は、すべて、『大いなる何か』に導かれている。…　中略……素晴らしい人生へと導こうとしている。」という想念が、永年のこの「全託の祈り」の修行を通じて、無意識の世界に浸透し、「身体化」されているからである。

言葉を換えれば、この「導きたまえ」という祈りが、「導いて頂きたい」という意味ではなく、すでに、「すべては導かれている」という「信」に深まっているからである。

このように、もし、あなたが、この「全託の祈り」の習慣を続けていくならば、まもなく、仕事や生活で何かの問題が起こったときにも、ただ「導きたまえ」と祈るだけで、心が「すべては導かれている」との「究極のポジティブな想念」、「絶対肯定の想念」に満たされるようになるだろう。

そして、その想念が、「良い運気」を引き寄せることは、繰り返すまでもない。

しかし、こう述べても、あなたは、「本当に、そんな簡単な祈りで、心の状態が変わるのか？」と思われるかもしれない。

もし、あなたが、その疑問を持たれたとしても、まず、騙《だま》されたと思って、この「全託の祈り」を実行してみて頂きたい。必ず、不思議なほど、心の状態に変化が起こるだろう。

そして、いま、「騙されたと思って」と述べたが、仮に、この「全託の祈り」を実行して、何の心理的変化も感じられなかったとしても、何一つ、マイナスになることは無い。なぜなら、この「全託の祈り」を捧げる時間は、わずか一分でも構わないからである。それゆえ、大きな時間的損失が生まれるわけでもない。また、神社仏閣などの宗教的な場所を訪問する必要もない。自宅なり、仕事場なり、いま、自分がいる場所で、すぐに実行できる。そして、祈祷や祈願の費用もかからず、経済的負担も全く必要ないのである。

一方、この「全託の祈り」を捧げるならば、必ず、ざわついていた心が静まり、透明な感覚が訪れる。すなわち、この「全託の祈り」の技法は、仕事や生活の様々な場面で「静寂心」を保つ技法としてだけでも、必ず、プラスの心理的変化をもたらす技法に他ならない。それが、敢えて「騙されたと思って実行して頂きたい」と申し上げる理由である。

ただ、実際には、この技法を実行すると、あなたが想像している以上の大きな変化が生まれるだろう。その意味は、次の第二九話、「祈りによって開花する、秘められた七つの力」で詳しく述べよう。

ちなみに、筆者は、朝の起床時と、夜の就寝時はもとより、一日の仕事と生活の中で、何度も、この「導きたまえ」の祈りを捧げている。それは、筆者の仕事は、書籍の執筆や雑誌の寄稿など、創造的アイデアが求められる仕事だからであり、この「全託の祈り」を行うと、心がポジティブな想念で包まれるだけでなく、第一四話で述べた「フィールド」に繋がるのであろう、**瞬時に、不思議なほど新たなアイデアが降りてくる**からである。

　実際、この「全託の祈り」の技法は、瞬時に実行できる。これは、結跏趺坐《けっかふざ》を組んだり、印を結んだりといった身体的に特殊な状態を求めるものではなく、仕事と生活の、どのような瞬間にも、ただ、一瞬、心を整えて「導きたまえ」と祈るだけの技法だからである。

　禅の世界では、「**常住《じょうじゅう》坐《ざ》臥《が》禅《ぜん》**」という言葉があり、本堂で座禅を組むことだけが修行の方法ではないことを教えている。すなわち、日々の生活のすべての瞬間において、心を静めて一つの対象に集中する、「禅定《ぜんじょう》」に入るという修行が大切にされているのである。そのため、禅の世界では、「**瞬間禅**」という技法があり、生活のどの場面においても、一瞬にして「禅定」に入るという技法も存在している。

　その意味で、本書で述べる「全託の祈り」の技法もまた、「**常住坐臥祈祷**」を目指したものであり、「**瞬間祈祷**」の技法であるとも言える。

第二九話

「祈り」によって開花する、秘められた「七つの力」

では、なぜ、筆者は、この「全託の祈り」の技法を、日々の仕事と生活の中で、何度も行うことを勧めるのか。二つの理由を述べておこう。

第一の理由は、「大いなる何かの声」が聞こえてくるからである。

すなわち、「導きたまえ」と祈ることによって、心に静寂が訪れ、日常の何気ない出来事や出会いの中で起こる「不思議な偶然」を感じ取ることができ、そのことを通じて、「大いなる何か」の導きの声が聞こえてくるからである。

実際、筆者は、朝、富士に向かって「祈り」を捧げていると、ときおり、「大いなる何かの声」を感じることがある。しかし、それは、決して「神のお告げ」のような神秘主義的なものではない。

例えば、昨日、ある人物から、ある仕事の提案を受けたとする。そして、夜、テレビを観ていると、ある番組で、たまたまその仕事に関連する情報が語られていたとする。

こうしたとき、朝の祈りの中で、ふと、その二つのことが心に浮かび、「ああ、この仕事をやってみよということか…」と感じることがある。また、逆に、「ああ、この仕事はやめておけということか…」と感じることもある。

いずれにしても、この**「全託の祈り」の中で感じる「大いなる何かの声」は、それに従って進んだとき、人智を超えた展開をもたらすことが多い**のである。そして、「良い運気」を引き寄せることが多いのである。

第二の理由は、自分の中の「秘められた力」が開花するからである。

こう述べると、あなたは、驚かれるかもしれないが、この**「全託の祈り」とは、実は、極めて優れた「能力開発」の技法**なのである。

これも、この「全託の祈り」の技法を、日々、実行してみると分かると思うが、筆者の経験では、この技法を、日々、実行することによって、自分の中に眠っていた、次の**「七**

つの**力**」が開花していることを感じる。

「**生命力**」「**集中力**」「**直観力**」「**創造力**」「**逆境力**」「**解釈力**」「**人間力**」

　このことの詳しい説明は、本書のテーマを超えているので、近い将来、別の著作で深く論じたいと思うが、まず何よりも、筆者が三八年前に生死の境の大病を患いながら、健康を回復することができたのは、この「祈り」の技法を、一日中、行じ続けることによって、自らの中から「**生命力**」が湧き上がってきたからである。

　また、この「祈り」の技法を、朝晩を含め、一日の中で何度も続けることで、物事に対する精神の「**集中力**」が高まっていく。そして、同時に「**直観力**」が研ぎ澄まされていく。

　さらには、新たなアイデアや発想が求められるときに、この「祈り」の技法を行い、「導きたまえ」と祈ると、不思議なほど、そのアイデアや発想が「降りて」くる。これは、先ほども述べたように、すべての叡智が宿る「フィールド」に繋がる感覚でもあるが、そうした意味での「**創造力**」も高まっていく。

　また、危機や逆境において、この「祈り」の技法を行い、「導きたまえ」と祈ると、これも不思議なほど、心の中がポジティブな想念に満たされ、その危機や逆境に正対して取り組む力が湧いてくる。それは、「**逆境力**」と呼ぶべきものであるが、その背景には、「**解釈力**」の深まりがある。

すなわち、それは、その危機や逆境が、なぜ与えられたのか、そこにどのような意味があるのかを、ポジティブに考える力のことであるが、その「解釈力」が深まっていく。

そして、「人間関係の問題」に直面したときや「不運に見える出会い」が与えられたときにも、この「祈り」の技法によって「導きたまえ」と静かに祈るならば、その人間関係や出会いの問題がなぜ与えられたのか、その人間関係や出会いを通じて、何を学べと言われているのかをポジティブに解釈することができ、その結果、その人間関係や出会いに正対して処する力が高まっていく。それは、文字通り「**人間力**」と呼ばれる力に他ならない。

このように、この「**全託の祈り**」**は、極めて優れた**「**能力開発**」**の技法**でもある。

しかし、筆者は、病気が与えられたときや、危機や逆境が与えられたとき、さらには、人間関係の問題が与えられたときには、この「祈り」の技法を実行するとき、「導きたまえ」という「全託の祈り」とともに、もう一つ、大切な「祈り」を実行している。

それは、どのような祈りか。

第三〇話

なぜ、「感謝」の祈りが、不思議な運気を引き寄せるのか

それは、「感謝の祈り」である。

これも、素朴で簡単な技法であるが、心の中で、一言、次のように、祈ることである。

「有り難うございます」

実は、この「感謝の祈り」も、究極のポジティブな祈り、「絶対肯定の祈り」である。

なぜなら、「有り難うございます」とは、英語で言う「Thank you.」（あなたに感謝する）という意味ではなく、遥《はる》かに深い意味を持つ言葉だからである。

すなわち、「**有り難うございます」とは、「有り、難い」、つまり「存在すること、起こることが、極めて難しい」という意味であり、英語で言えば「It is a miracle.」（それは奇跡のようなこと）、という意味**だからである。

実際、我々の人生は、その実相を深く見つめるならば、文字通り「奇跡」である。

それは、「**生物学的**」に見ても、奇跡である。

そもそも、我々が受胎するときには、一つの卵子に対して、数億匹の精子が競って受精をめざし、その厳しい競争の結果、一つの卵子と一つの精子が結ばれ、我々が生まれたのである。もし、この受胎のプロセスで、ほんのわずかの偶然の違いで、他の精子が受胎に成功したならば、そこに生まれてきたのは、現在の我々とは、全く違った遺伝子の組合せによる、全く違った個性の人間である。

また、それは、「**社会学的**」に見ても、奇跡である。

実際、我々の両親が巡り会い、結ばれて、我々が生まれたことを考えるならば、そもそも、両親の巡り会いそのものが、奇跡のような出会いである。例えば、二〇二一年現在、この日本という国だけで、一億三千万人近い人間がいて、結婚適齢期の人間だけでも数百万人いる。その中から、二人の男女が出会うということそのものが、奇跡であろう。

さらに、それは、「**惑星科学的**」に見ても、奇跡である。

なぜなら、この宇宙の中に、この地球という惑星が生まれ、その惑星の上に、こうして生命が誕生し、人類が誕生し、我々が誕生したこと、それ自身が、奇跡のような偶然だからである。

我々が生きるこの銀河系宇宙には、数千億個の恒星が存在し、その銀河系が、この宇宙には、さらに数千億個、存在すると言われる。その気の遠くなるような数の恒星の周りに、無数の惑星が存在するが、その惑星に高度な生命が誕生するためには、恒星から遠すぎず、近すぎず、絶妙の距離に存在することが求められる。

実際、我々の生きるこの地球は、これよりも太陽に近ければ、金星のように灼熱《しゃくねつ》の惑星になっており、遠ければ、火星のように、氷結の惑星になってしまっている。その結果、

この地球には、高度な生命は生まれ得なかっただろう。

そう考えるならば、この地球上に我々人類が存在していることそのものが、奇跡である。

いや、究極、我々の存在は、「**宇宙論的**」に見ても、奇跡である。

なぜなら、現代の最先端科学が解き明かしつつある、この宇宙の誕生のプロセスは、あたかも、沸騰する湯の中に、無数の気泡が生まれるように、量子真空から無数のベビー・ユニバースが生まれたプロセスであるとされている。そして、それらのベビー・ユニバースは、それぞれに異なった「自然定数」(重力や電磁気力、陽子や中性子の質量など) の組合せを持っており、その一つの定数の数値が、わずか一億分の一、違っただけでも、この宇宙は、発散消滅しているか、潰《つぶ》れているかのいずれかであったと言われている。

すなわち、我々の生きているこの宇宙が存在していること、それそのものが、気の遠くなるほどの奇跡なのである。

もう十分であろう。これ以外にもいくつもの説明はあるが、もう十分であろう。

いずれにしても、あなたという存在、私という存在、そして、**我々という存在が「有る」ことそのものが、気の遠くなるような「奇跡」**なのである。

そのことを考えるならば、一度かぎり与えられたこの人生において、一つの出来事が起こること、一人の人間と出会うことそのものが、すべて「奇跡」なのである。

されば、それが、どのように「不運に見える出来事」であっても、どのように「不運に見える出会い」であっても、それは、どこまでも「奇跡の出来事」であり、「奇跡の出会い」に他ならない。

こう述べてくると、この「有り難い」という言葉は、実は、「Thank you.」（あなたに感謝する）という言葉とは全く違った意味の言葉、全く違った深みの言葉であることが分かるだろう。

そして、それが、筆者が、「祈り」の技法において、「導きたまえ」という「全託の祈り」とともに、「有り難うございます」という「感謝の祈り」を大切にし、日々、実行している理由でもある。

実際、この「有り難うございます」という祈りは、絶大な効果を持っている。

例えば、人間関係において、誰かとの間で、摩擦や葛藤、反目や衝突が生じたとき、そして、そのことによって、自分の心の中に、不快や不安、嫌悪や憎悪などの「ネガティブな感情」が生まれ、それが苦しみの原因になっているとき、**ただ、心の中で、その相手の**

姿を思い浮かべ、「○○さん、有り難うございます」と祈るだけで、不思議なほど、自分の心が静まっていく。たとえ、相手に対する不快や嫌悪の感情があっても良い、その感情にかかわらず、ただ、無条件に、心の中で「○○さん、有り難うございます」と唱える。そう祈るだけで、不思議なほど、心が楽になっていく。

これは、**「身心一如」の理**を生かした技法であり、「言葉」で感謝を述べることが、自然に「心」に感謝の想念を引き出すという心の性質を生かした「和解」の技法でもある。

実際、筆者は、講演などにおいて、聴衆の方々に、この「和解」の技法の習慣化を勧めているが、この技法を実行した聴衆の方から、

「相手への怒りが心を占めていたが、
無条件に、この技法を行うと、
たしかに、何か、心が楽になった」

「この技法を繰り返していくと、
不思議なほど、相手への嫌悪感が薄れていった」

といった声が、数多く寄せられている。

また、例えば、仕事において深刻なトラブルが生じたり、難しい問題に直面したとき、そして、そのトラブルや問題によって、自分の心の中に、懸念や心配、不安や恐怖などのネガティブな想念が生まれ、それが悩みの原因になっているときも、ただ、心の中で「これも、自分の成長のために『大いなる何か』が与えたもの」と念じ、「有り難うございます」と祈るだけで、不思議なほど、心が軽くなり、前向きな気持ちが生まれてくる。

さらに、病気に罹り、その痛みや不調が激しくなったときにも、ただ「有り難うございます」と言葉に出して祈るだけで、これも不思議なほど、何かが楽になっていく。

実際、筆者は、病気の痛みや不調で耐えがたいときには、この「有り難うございます」という言葉を念じ続けることが、習慣になっている。

さて、話が大きく広がったが、**我々が、「大いなる何かの声」に耳を傾けるためには、まず、心の中の「雑音」を静めることが必要であり、そのための最も簡素で効果的な技法**

は、「祈り」の技法である。そして、その「祈り」の技法には、「全託の祈り」と「感謝の祈り」の二つがある。

従って、もし、あなたが、この二つの「祈り」の技法を身につけ、日々、実行するならば、自然に心が静まり、人生を導く「大いなる何かの声」が聴こえてくるようになるだろう。

そして、多くの場合、その「大いなる何かの声」は、日常における「何気ない出来事」を通じて聞こえてくるが、そのとき、身の回りで起こる「不思議な偶然」や「シンクロニシティ」に注意を向けることが大切である。

それゆえ、本書で述べる最後の心得は、

第七の心得　「何気ない出来事」に起こる「不思議な偶然」に注意を向ける

に他ならない。

終話

二一世紀の「新たな運気論」では、「運気」という言葉が消えていく

さて、本書の三〇話を読み終えて、あなたは、いま、何を感じられているだろうか。

「運気を引き寄せるリーダー」になるための**「七つの心得」**を、納得とともに掴んで頂いただろうか。

ここで、もう一度、「七つの心得」を列記しておこう。

第一の心得　目の前の危機や逆境を、「絶対肯定の想念」で見つめる

第二の心得　危機や逆境のときこそ、「死」を見つめ、「死生観」を定める

第三の心得　人生は「大いなる何か」に導かれているとの「信」を定める

第四の心得　リーダーの無意識はメンバーの無意識に伝わることを覚悟する

第五の心得　危機や逆境のときこそ、メンバーに「使命感」や「志」を語る

第六の心得　「大いなる何か」の導きは、「一直線」ではないことを知る

第七の心得　「何気ない出来事」に起こる「不思議な偶然」に注意を向ける

もし、あなたが、危機や逆境において、この「七つの心得」を行ずるならば、心が「究極のポジティブな想念」、すなわち「絶対肯定の想念」で満たされ、必ず「良い運気」を引き寄せるだろう。そして、それだけでなく、社員やメンバーの「運気」を高め、会社や組織の「運気」を高めることができるだろう。

ただし、そうしたことが起こるためには、この「七つの心得」を掴むだけでなく、これらの「心得」の根底にある**「新たな運気論」の五つの特長を、**深く理解して頂きたい。

この「五つの特長」については、序話において述べたが、もう一度、その特長の意味について説明するとともに、その本質を、それぞれ一言で述べておこう。

第一の特長　／　最先端の量子科学

「従来の運気論」が、何らかの「神秘的存在」を前提として論じられているのに対して、この「新たな運気論」は、最先端の量子科学や量子脳理論に基づいて、なぜ、「運気」というものが存在するのかを、科学的仮説として説明している。

それゆえ、この第一の特長は、

「神・仏・天」という信仰から、「ゼロ・ポイント・フィールド」の理論へ

と称することができる。

第二の特長　／　最前線の超個心理学

「従来の運気論」が、フロイト心理学などが想定する「潜在意識」や「無意識」の世界を前提として論じられているのに対して、この「新たな運気論」は、心理学の最前線のトランスパーソナル心理学（超個心理学）に基づいた「超個的無意識」や「超時空的無意識」の世界を視野に入れて「運気」というものを論じている。

それゆえ、この第二の特長は、

「無意識」の世界から、さらに深い「超時空的無意識」の世界へ

と称することができる。

第三の特長　／　心の浄化の具体的技法

「従来の運気論」は、運気を引き寄せるために、心の中に「ポジティブな想念」を刷り込むことの大切さを述べているが、この「新たな運気論」は、むしろ、心の奥深くにある「ネガティブな想念」を浄化することの大切さを述べ、その具体的技法を論じている。

それゆえ、この第三の特長は、

単なる「肯定的な想念」ではなく、深い「絶対肯定の想念」へ

と称することができる。

第四の特長　／　深い人生観と死生観

「従来の運気論」は、運気を引き寄せるために、「前向きな発想」を持つことの大切さを述べているが、この「新たな運気論」は、人生において、死生観や逆境観、使命感といった「深い思想と覚悟」を定めることの大切さを述べ、その具体的技法を論じている。

それゆえ、この第四の特長は、

「前向きな発想」の次元を超え、「深い思想と覚悟」の次元へ

と称することができる。

第五の特長　／　科学的技法としての祈り

「従来の運気論」は、運気を引き寄せるために、「瞑想」の技法などを用いて、心を静めることの大切さを述べているが、この「新たな運気論」では、忙しい現代人でも、瞬時に深い心的状態に入ることのできる技法として、「祈り」の技法の大切さを述べ、その具体的技法を論じている。

これは、従来の「宗教的技法としての祈り」ではなく、「科学的技法としての祈り」と呼ぶべきものである。

それゆえ、この第五の特長は、
「日々の瞑想」の習慣から、「日々・瞬時の祈り」の習慣へ
と称することができる。

さて、本書の最後に、この**「新たな運気論」が「従来の運気論」とは全く異なった思想であるということの、究極の意味**を述べておこう。

本書は、その導入においては、

「ポジティブな想念」と「ネガティブな想念」
「幸運な出来事」と「不運な出来事」
「良い運気」と「悪い運気」

といった形で、「**二項対立の世界**」から話を始めているが、実は、本書の目的は、こうした「二項対立の世界」で、いかにして、一方を肯定し、一方を否定するかの技法を述べることではない。

なぜなら、本書で述べた「新たな運気論」の思想は、いかにして、人生において「不運な出来事」や「不運な出会い」を避けていくかという思想ではないからである。

この「**新たな運気論**」**の思想は、**本来、**我々の人生においては、**「**不運な出来事**」**も**「**不運な出会い**」**も無い、すべては**「**深い意味**」**があって与えられた**「**有り難い出来事**」**であり、**「**有り難い出会い**」**であるという**「**全肯定の思想**」、「**絶対肯定の思想**」だからである。そして、この「有り難い」という言葉の意味は、すでに述べたように、「有り、難い」という意味であり、文字通り「奇跡」という意味に他ならない。

そもそも、「成功と失敗」「勝利と敗北」「達成と挫折」「幸福と不幸」「幸運と不運」といった「二項対立の世界」にとどまるかぎり、表面意識の世界で、どれほど強く「成功」や「勝利」や「達成」を心に描いても、心の世界には「双極的性質」があるため、必ず、プラスの想念とマイナスの想念の分離が起こり、無意識の世界には「失敗」や「敗北」や「挫折」といった想念が生まれてしまう。そして、この無意識が、実際に「失敗」や「敗北」や「挫折」を引き寄せてしまうのである。

そこに、「従来の運気論」が抱える「**二項対立の思想**」の**限界**がある。

これに対して、本書で一貫して述べてきた「絶対肯定の思想」とは、

本来、我々の人生においては、
否定的なもの、ネガティブなものは、
一切、無い。

という思想であり、

人生で与えられるすべての出来事や出会いは、
それがどれほど否定的に見えるものであっても、
我々の心の成長や魂の成長という意味で、
必ず、深い意味を持つ。

という思想である。

もとより、我々は、この「絶対肯定の思想」を、容易に体得できるわけではない。

しかし、それゆえ、本書では、第二五話において、人生で与えられた「否定的な出来事」や「否定的な出会い」のすべてを、一つ一つ肯定していくための「五つの解釈」と「五つの覚悟」の技法を紹介した。そして、続く第二六話から第三〇話において、日々、「絶対肯定の想念」を抱くための、「祈り」の技法を紹介した。

だが、もし、あなたが、こうした技法を実行され、本来、「ポジティブなもの」と「ネガティブなもの」という対立など無く、「幸運な出来事」も「不運な出来事」も無いという、この「絶対肯定の思想」を体得されるならば、ごく自然に、一つの真実に気がつかれるだろう。

我々の人生においては、本来、
「良い運気」も「悪い運気」も無い。
それゆえ、本来、
「運気」という言葉も無い。

その通り。もし、我々が、この「絶対肯定の思想」を真に掴むならば、「良い運気」と「悪い運気」という二項対立の思想も消えていく。その結果、「運気」という言葉も消えていく。

本書においては、「どうすれば、人生において『良い運気』を引き寄せることができるのか」との問いから話を始めたが、**「運気」というものの本質に迫れば迫るほど、気がつけば、その「運気」という言葉そのものが消えていること**に気がつく。

実際、周りから見て「強運」と称される経営者やリーダーは、その心の中に「どうすれば、良い運気を引き寄せられるか」「どうすれば、悪い運気を避けられるか」といった発想は持っていない。

「強運」の経営者やリーダーが抱いているのは、ただ一つの想念である。

それは、

「自分の人生は『大いなる何か』に導かれている」
「人生で起こること、すべて、深い意味がある」

という想念であり、さらに深く覚悟を定めた経営者やリーダーが抱くのは、

「すべては導かれている」
「人生で起こること、すべて、良きこと」

という「絶対肯定の想念」であろう。

本書を通じて、あなたに伝えたかったことは、
究極、その一点に他ならない。

本書の筆を置くいま、筆者の心に浮かぶのは、三八年前、あの「生死の境」の大病を与えられ、奈落の底を彷徨いながら、光を求めて読み続けた様々な書物、その一冊に書かれ

ていた、一つの言葉である。
その言葉を読んだとき、筆者の心に、一筋の光が差した。

「神は、愛なり」

筆者が、この一つの言葉から掴んだのは、「神の存在」ということではなかった。
それは、いかなる宗教をも超えた、一つの「信」であり、一つの「覚悟」であった。

我々の生きる、この人生に、
一つとして、悪しきものは、無い。

その「絶対肯定の思想」が、いまも、筆者の歩みを導いている。

謝辞

最初に、光文社新書・編集長の三宅貴久さんに、感謝します。
本書は、二〇一九年に上梓した『運気を磨く』の思想を、
「リーダーシップ」という観点から、さらに深く語ったものです。
『知性を磨く』『人間を磨く』『人は、誰もが「多重人格」』と併せて、
五部作となりました。
いつも、心のこもった編集を、有り難うございます。

また、仕事のパートナー、藤沢久美さんに、感謝します。
その出会いも、「不思議な偶然」に導かれましたが、一二年の歩みの中で、
互いの「強運」が重なり、いつも「幸運」を呼び込んできました。

富士で仕事をする小生を、横浜オフィスから献身的に支えてくれる
秘書の柳井田美喜さんにも、感謝します。

そして、いつも、様々な形で執筆と仕事を支えてくれる家族、
須美子、誓野、友に、感謝します。
昨年から、世界中がコロナ危機に翻弄されていますが、
有り難いことに、家族の協力のお陰で、
文字通り、この危機を好機に変えることができました。
その幸運もまた、「大いなる何か」に導かれたものと思います。

最後に、すでに他界した父母に、本書を捧げます。

「人生は、不思議な力に導かれている」

若き日に、後姿から教えて頂いたその真実を、
いま、多くの方々にお伝えすること。

それが、古希を迎えた私の、使命と思い定めています。

二〇二一年二月一七日

田坂広志

さらに学びを深めたい読者のために

― 自著による読書案内 ―

本書で語った「運気を引き寄せるリーダー」というテーマを、さらに深く学びたいと思われる読者には、拙著ながら、次の七冊の本を読まれることを勧めたい。

『運気を磨く』（**光文社新書**）

この著書は、本書の基本思想を述べたものであり、特に、第一四話の「ゼロ・ポイント・フィールド」と第二五話の「心を浄化する三つの技法」を、詳しく語ったものである。

『すべては導かれている』（**小学館**）

この著書は、本書の第二五話で述べた、人生における「五つの覚悟」を、いかにして定めるかについて、筆者の様々な体験を交えて語ったものである。

特に、「シンクロニシティ」や「コンステレーション」を感じることによって、人生で与えられた出来事や出会いの「意味」を、どのように解釈するか、そのとき、「引き受け」という技法が、どのように役に立つか、様々な事例を交え、述べている。

また、この著書では、筆者が三八年前に与えられた大病と「生死の体験」を紹介し、そこで、どのような「死生観」を定めたか、また、なぜ「死生観」を定めると、不思議なほど「良い運気」を引き寄せ、想像を超えた「才能開花」が起こるかについても語っている。

『人生で起こること　すべて良きこと』（PHP研究所）
『逆境を越える「こころの技法」』（同書のPHP文庫版）

この著書は、「究極のポジティブな想念」を、いかにして身につけるかについて、対話形式で語ったものである。

人生において、苦労や困難、失敗や敗北、挫折や喪失、病気や事故といった「逆境」に直面したとき、「人生で起こること、すべてに深い意味がある」「人生で出会う人、すべてに深い縁がある」と思い定めるならば、我々は、その体験を糧として、必ず、人間を磨き、成長していける。そして、もし、「人生で起こること、すべて良きこと」との覚悟を定めることができるならば、どのような「逆境」においても、必ず、道を拓いていける。
いかにして、その覚悟を定めるか、筆者の様々な体験を紹介しながら語っている。

『人間を磨く』（光文社新書）

本書では、我々の心の中の「ネガティブな想念」の多くが、人生や仕事における「人間関係」の摩擦や葛藤、反目や衝突から生まれてくることを述べたが、この著書では、その人間関係を好転させるための「心の技法」を、「七つの技法」として語っている。特に、本書の第三〇話で述べた「和解」の技法について、詳しく語っている。

『未来を拓く君たちへ』（PHP文庫）

本書の第一九話では、「使命感」や「志」を抱いた人物は、不思議なほど「良い運気」を引き寄せることを述べたが、この著書では、なぜ、我々は「使命感」や「志」を抱いて生きるのかについて、宇宙観や自然観、歴史観や世界観、人間観や人生観、労働観や死生観を交え、全編を「詩的メッセージ」の形式で語っている。そして、我々が「使命感」や「志」を抱いて生きるとき、「悔いの無い人生」「満たされた人生」「香りのある人生」「大いなる人生」「成長し続ける人生」という五つの人生が与えられることを述べている。

『なぜ、働くのか』（PHP文庫）

本書の第八話では、「良い運気」を引き寄せるためには、深い「死生観」を定めることが必要であることを述べたが、この著書では、「人は、必ず死ぬ」「人生は、一度しかない」「人は、いつ死ぬか分からない」という、人生の「三つの真実」を見つめ、その「死生観」の深みから、「生きる」こと、そして「働く」ことの意味を語った。

揺らぐことの無い「死生観」を定め、心を磨きたい読者のための一冊である。

『人は、誰もが「多重人格」』（光文社新書）

もし、我々が、自分の中に眠る「隠れた才能」を開花させたいと思うならば、実は、自分の中に眠る「隠れた人格」を発見し、それを意識的に育てなければならない。

この著書では、我々が、無意識に、自分の中の「隠れた人格」を抑圧し、「才能の開花」を妨げてしまう心理的プロセスを解き明かし、自分の中に眠る「様々な人格」を育て、「多様な才能」を開花させていく技法について語っている。

「人生」を語る

『未来を拓く君たちへ』（ＰＨＰ研究所）
『いかに生きるか』（ソフトバンク・クリエイティブ）
『人生の成功とは何か』（ＰＨＰ研究所）
『人生で起こること　すべて良きこと』（ＰＨＰ研究所）
『逆境を越える「こころの技法」』（ＰＨＰ研究所）
『すべては導かれている』（ＰＨＰ研究所）
『運気を磨く』（光文社）
『運気を引き寄せるリーダー　七つの心得』（光文社）

「仕事」を語る

『仕事の思想』（ＰＨＰ研究所）
『なぜ、働くのか』（ＰＨＰ研究所）
『仕事の報酬とは何か』（ＰＨＰ研究所）

「成長」を語る

『知性を磨く』（光文社）『人間を磨く』（光文社）
『直観を磨く』（講談社）『能力を磨く』（日本実業出版社）
『成長の技法』（PHP 研究所）『教養を磨く』（光文社）
『人は、誰もが「多重人格」』（光文社）
『なぜ、優秀な人ほど成長が止まるのか』（ダイヤモンド社）
『成長し続けるための 77 の言葉』（ＰＨＰ研究所）
『知的プロフェッショナルへの戦略』（講談社）
『プロフェッショナル進化論』（ＰＨＰ研究所）

「技法」を語る

『なぜ、時間を生かせないのか』（ＰＨＰ研究所）
『仕事の技法』（講談社）『意思決定 12 の心得』（ＰＨＰ研究所）
『経営者が語るべき「言霊」とは何か』（東洋経済新報社）
『ダボス会議に見る世界のトップリーダーの話術』（東洋経済新報社）
『企画力』（ＰＨＰ研究所）『営業力』（ダイヤモンド社）

主要著書

「思想」を語る

『死は存在しない』（光文社）
『生命論パラダイムの時代』（ダイヤモンド社）
『まず、世界観を変えよ』（英治出版）
『複雑系の知』（講談社）
『ガイアの思想』（生産性出版）
『使える弁証法』（東洋経済新報社）
『自分であり続けるために』（ＰＨＰ研究所）
『叡智の風』（ＩＢＣパブリッシング）
『深く考える力』（ＰＨＰ研究所）

「未来」を語る

『田坂広志　人類の未来を語る』（光文社）
『未来を予見する「５つの法則」』（光文社）
『未来の見える階段』（サンマーク出版）
『目に見えない資本主義』（東洋経済新報社）
『これから何が起こるのか』（ＰＨＰ研究所）
『これから知識社会で何が起こるのか』（東洋経済新報社）
『これから日本市場で何が起こるのか』（東洋経済新報社）

「経営」を語る

『複雑系の経営』（東洋経済新報社）
『「暗黙知」の経営』（徳間書店）
『なぜ、マネジメントが壁に突き当たるのか』（ＰＨＰ研究所）
『なぜ、我々はマネジメントの道を歩むのか』（ＰＨＰ研究所）
『こころのマネジメント』（東洋経済新報社）
『ひとりのメールが職場を変える』（英治出版）
『まず、戦略思考を変えよ』（ダイヤモンド社）
『これから市場戦略はどう変わるのか』（ダイヤモンド社）
『官邸から見た原発事故の真実』（光文社）
『田坂教授、教えてください。これから原発は、どうなるのですか？』
（東洋経済新報社）

著者情報

田坂塾への入塾

思想、ビジョン、志、戦略、戦術、技術、人間力という
「7つの知性」を垂直統合した
「21世紀の変革リーダー」への成長をめざす場
「田坂塾」への入塾を希望される方は
下記のサイト、もしくは、メールアドレスへ

http://hiroshitasaka.jp/tasakajuku/
(「田坂塾」で検索を)
tasakajuku@hiroshitasaka.jp

田坂塾大学への訪問

田坂広志の過去の著作や著書、講演や講話をアーカイブした
「田坂塾大学」は、広く一般に公開されています。訪問は、下記より

http://hiroshitasaka.jp/tasakajuku/college/
(「田坂塾大学」で検索を)

「風の便り」の配信

著者の定期メール「風の便り」の配信を希望される方は
下記「未来からの風フォーラム」のサイトへ

http://www.hiroshitasaka.jp
(「未来からの風」で検索を)

講演やラジオ番組の視聴

著者の講演やラジオ番組を視聴されたい方は
下記「田坂広志　公式チャンネル」のサイトへ
https://www.youtube.com/user/hiroshitasaka/
(「田坂広志　You Tube」で検索を)

著者略歴

田坂広志（たさかひろし）

1951年生まれ。1974年、東京大学工学部卒業。
1981年、東京大学大学院修了。工学博士（原子力工学）。
同年、民間企業入社。
1987年、米国シンクタンク、バテル記念研究所客員研究員。
同年、米国パシフィック・ノースウェスト国立研究所客員研究員。
1990年、日本総合研究所の設立に参画。
10年間に、延べ702社とともに、20の異業種コンソーシアムを設立。
ベンチャー企業育成と新事業開発を通じて
民間主導による新産業創造に取り組む。
取締役・創発戦略センター所長等を歴任。現在、同研究所フェロー。
2000年、多摩大学大学院教授に就任。社会起業家論を開講。現名誉教授。
同年、21世紀の知のパラダイム転換をめざす
シンクタンク・ソフィアバンクを設立。代表に就任。
2005年、米国ジャパン・ソサエティより、日米イノベーターに選ばれる。
2008年、ダボス会議を主催する世界経済フォーラムの
Global Agenda Councilのメンバーに就任。
2009年より、ＴＥＤメンバーとして、毎年、ＴＥＤ会議に出席。
2010年、ダライ・ラマ法王14世、デズモンド・ツツ元大主教、
ムハマド・ユヌス博士、ミハイル・ゴルバチョフ元大統領ら、
4人のノーベル平和賞受賞者が名誉会員を務める
世界賢人会議ブダペスト・クラブの日本代表に就任。
2011年、東日本大震災と福島原発事故に伴い、内閣官房参与に就任。
2013年、思想、ビジョン、志、戦略、戦術、技術、人間力という
「7つの知性」を垂直統合した
「21世紀の変革リーダー」への成長をめざす場
「田坂塾」を開塾。
現在、全国から8500名を超える経営者やリーダーが集まっている。
2021年、田坂広志の過去の著作や著書、講演や講話をアーカイブした
「田坂塾大学」を開学。広く一般に公開している。
著書は、国内外で100冊余り。
海外でも旺盛な出版と講演の活動を行っている。

本書をお読み頂き、
有り難うございました。
このご縁に感謝いたします。

お時間があれば、
本書の感想や著者へのメッセージを、
お送り頂ければ幸いです。

下記の個人アドレスか、ＱＲコードから、
メッセージを、お送りください。

小生が、直接、拝読いたします。

田坂広志　拝

tasaka@hiroshitasaka.jp

田坂広志（たさかひろし）

1951年生まれ。1974年東京大学卒業。1981年同大学院修了。工学博士（原子力工学）。1987年米国シンクタンク・バテル記念研究所客員研究員。1990年日本総合研究所の設立に参画。取締役等を歴任。2000年多摩大学大学院の教授に就任。同年シンクタンク・ソフィアバンクを設立。代表に就任。2005年米国ジャパン・ソサエティより、日米イノベーターに選ばれる。2008年世界経済フォーラム（ダボス会議）のGlobal Agenda Councilのメンバーに就任。2010年世界賢人会議ブダペスト・クラブの日本代表に就任。2011年東日本大震災に伴い内閣官房参与に就任。2013年全国から8500名の経営者やリーダーが集まり「21世紀の変革リーダー」への成長をめざす場「田坂塾」を開塾。著書は100冊余。

運気《うんき》を引《ひ》き寄《よ》せるリーダー
七《なな》つの心《こころ》得《え》
危機《きき》を好機《こうき》に変《か》える力《ちから》とは

2021年4月30日初版1刷発行
2024年6月15日　　2刷発行

著　者 ― 田坂広志
発行者 ― 三宅貴久
装　幀 ― アラン・チャン
印刷所 ― 堀内印刷
製本所 ― ナショナル製本
発行所 ― 株式会社光文社
東京都文京区音羽1-16-6（〒112-8011）
https://www.kobunsha.com/
電　話 ― 編集部03(5395)8289　書籍販売部03(5395)8116
制作部03(5395)8125
メール ― sinsyo@kobunsha.com

ISBN 978-4-334-04533-3

1106
人類はふたたび月を目指す
春山純一

今、月を目指す国や民間企業が世界で続々と現れている。日本の月探査計画に携わり、「月の縦孔の発見」で世界的に知られる著者が、探査や発見をめぐるスリリングな舞台裏を綴る。

978-4-334-04514-2

1107
見るレッスン
映画史特別講義
蓮實重彦

サイレント、ドキュメンタリー、ヌーベル・バーグから現代まで120年を超える蓄積と向き合い、作品の最も優れた瞬間で刮目する方法を、シネフィル教授が初めて新書で指南。

978-4-334-04515-9

1108
コロナ対策 各国リーダーたちの通信簿
栗田路子　プラド夏樹
田口理穂　冨久岡ナヲ
片瀬ケイ
クローディアー真理
田中ティナ

世界が一様にパンデミックに包まれた中、各国首脳の言動には大きな違いが。そしてその違いはコロナ禍の行方も左右した。7人の海外在住ジャーナリストが綴るリーダーの素顔。

978-4-334-04516-6

1109
洋画家の美術史
ナカムラクニオ

あちこちの美術館や切手で見たことはあっても、実はよくは知らない「洋画」の世界。画家たちの波瀾万丈な一生を追いながら、作品と近代美術史の流れをわかりやすく解説する。

978-4-334-04517-3

1110
相続地獄
残った家族が困らない終活入門
森永卓郎

ある日突然ふりかかり、一歩間違えると泥沼にはまる相続問題。自身の経験をもとに、今日からできる森永流・生前整理術を伝授する新時代の「相続の教科書」。

978-4-334-04518-0

光文社新書

1111

がんを瞬時に破壊する 光免疫療法

身体にやさしい新治療が医療を変える

小林久隆

新しいがんの治療法が世界で注目を集めている。どのような治療法なのか？ 身体への負担や副作用は？ 転移・再発の可能性は？ アメリカ国立衛生研究所の日本人開発者が初めて綴る。

978-4-334-04519-7

1112

誤読のイタリア

ディエゴ・マルティーナ

イタリア文化を見つめる旅は、日本文化を再発見する旅だ。夏目漱石など日本文学を愛するイタリア人が、文化の「誤読」と「正読」についてユーモアを交えて綴った心温まるエッセイ。

978-4-334-04520-3

1113

平成・令和 学生たちの社会運動

ＳＥＡＬＤｓ、民青、過激派、独自グループ

小林哲夫

２０１０年代、学生による社会運動はどのように繰り広げられたか？ かつての学生運動と何が違うのか？ ＳＥＡＬＤｓから過激派まで長期にわたる徹底取材による闘いの記録。

978-4-334-04521-0

1114

いつまでも親がいる

超長寿時代の新・親子論

島田裕巳

人生１００年時代を迎え、私たちは「いつまでも親がいる社会」を生きるようになった。そこで新たに生じる親子関係の課題とは？「永遠のテーマ」を捉え直す、著者初の親子論！

978-4-334-04522-7

1115

死ぬまで噛んで食べる

誤嚥性肺炎を防ぐ12の鉄則

五島朋幸

誤嚥性肺炎の原因は唾液だった！ 大切なのは「歯と歯が噛み合うこと」。訪問歯科のカリスマが口腔ケアの正しい知識を解説。口から食べることを諦めないことが、元気に繋がる！

978-4-334-04523-4

1116
日本のスポーツビジネスが世界に通用しない本当の理由
葦原一正

スポーツビジネスは特殊なビジネスではない。経営面でも海外で戦えるようになるために必要なものとは何か、スポーツに憑かれたB.LEAGUE創設の立役者が明かす熱きビジネス論。

978-4-334-04524-1

1117
大学教授、発達障害の子を育てる
岡嶋裕史

自閉スペクトラム症の息子と、自分もその傾向があった父親の日常生活奮闘記。職業柄、大量の文献を読み込み、医師、臨床心理士、役所、教師、そして世間とのズレに挑むが……。

978-4-334-04509-8

1118
渋沢栄一に学ぶ大転換期の乗り越え方
田口佳史

道徳なくして、ビジネスは成立しない。激変する時代を生きるビジネスパーソンのために、「渋沢栄一の生涯」と『論語と算盤』、そして『論語』をもとに「仕事の本質」を説く一冊。

978-4-334-04525-8

1119
資本主義から脱却せよ
貨幣を人びとの手に取り戻す

松尾匡
井上智洋
高橋真矢

「安心な生活」が失われているのはなぜか。それは〈経済の仕組み〉に問題があるからだ。経済学の論客二人と不安定ワーカーが、いま〝発明〟すべき「新しいストーリー」を提示する。

978-4-334-04526-5

1120
カラー版 王室外交物語
紀元前14世紀から現代まで

君塚直隆

時代遅れの遺物から、平和を支える存在に――現代に力を発揮する王室・皇室外交を、紀元前の中東から中世・近代の欧州、大戦前後の英王室へと辿り、日本の皇室のあり方も振り返る。

978-4-334-04527-2

光文社新書

1126
運気を引き寄せるリーダー 七つの心得
危機を好機に変える力とは
田坂広志

「強運」のリーダーは、メンバーやチームにも「強運」を呼び込む。「運の強さ」は、誰でも意識的な努力で身につけることができる。先端科学に基づいた二一世紀の「新たな運気論」。

978-4-334-04533-3

1127
もしも、私が「がん」になったら。
81歳、現役医師の準備と決意
藤田紘一郎

81歳、免疫が専門の名物医師がとことん「がん」と向き合った。仕事は続ける？ 治療は受ける？ 改善すべき生活習慣は？ 発症しても慌てない、嘆かないためのがん入門書。

978-4-334-04534-0

1128
お笑い世代論
ドリフから霜降り明星まで
ラリー遠田

芸人の「第七世代」という言葉が一般にも広まるなか、それ以前の世代が誰なのか、どのような変遷を経て現在に至ったのかを改めて振り返る。「世代論」で読みとく戦後芸能史。

978-4-334-04535-7

1129
郵政腐敗 日本型組織の失敗学
藤田知也

郵便事業の創業から一五〇年を迎えた日本郵政グループ。従業員四〇万人を超える巨大組織の実態は、「腐敗の構造」と究極の「事なかれ主義」だ。朝日新聞のエース記者が徹底取材！

978-4-334-04536-4

1130
「倫理の問題」とは何か
メタ倫理学から考える
佐藤岳詩

それは良いことか、悪いことか。これは正義か、不正義か――。日常がゆらいだときに現れる倫理の問題に、私たちはどう向き合えばいいのか。世界の眺め方が変わるメタ倫理学入門書。

978-4-334-04538-8

教育大国シンガポール

日本は何を学べるか

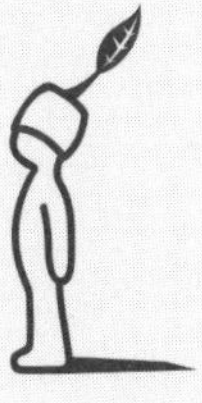

中野円佳

光文社新書
1238